Ingeborg Richter · Leben wie Gott in Frankreich?

Ingeborg Richter

Leben wie Gott in Frankreich?

Reiseberichte

FOUQUÉ LITERATURVERLAG

Egelsbach • Frankfurt a.M. • München • New York

Die Deutsche Bibliothek – CIP-Einheitsaufnahme
Ein Titeldatensatz für diese Publikation ist bei
Der Deutschen Bibliothek erhältlich.

Autorin und Verlag unterstützen das Albert-Schweitzer-Kinderdorf in Hessen e.V.,
das verlassenen Kindern und Jugendlichen ein Zuhause gibt.
Wenn Sie sich als Leser an dieser Förderung beteiligen möchten, überweisen Sie bitte
einen – auch gern geringen – Betrag an die Sparkasse Hanau, Kto. 19380, BLZ 506 500 23,
mit dem Stichwort »Literatur verbindet«, Autorin und Verlag danken Ihnen dafür!

©2001 FOUQUÉ LITERATURVERLAG
Medien- und Verlagsgruppe Dr. Hänsel-Hohenhausen AG
Egelsbach • Frankfurt a.M. • München • New York
Boschring 21-23 • D-63329 Egelsbach bei Frankfurt/M.
Fax 06103-44944 • Tel. 06103-44940

ISBN 3-8267-4969-3
2001

Satz und Lektorat: Heike Margarete Worm
Illustrationen: Ingeborg Richter

Printed in Germany

Inhaltsverzeichnis

Vorwort

Mein Buch handelt vor allem von meinen Erfahrungen, die ich als Eigentümerin eines kleinen Ferienappartements (mit bescheidenen finanziellen Mitteln) an der Côte d'Azur in der Nähe Cannes gemacht habe, und zwar in den Jahren 1994-1999, d.h. bis zum Verkauf der Wohnung.

Meine Erinnerungen beginnen mit dem Jahr 1955, als ich Paris zum ersten Mal besuchte. Eine Französin, die ich 1954 in Österreich kennen gelernt hatte, hat mir damals diesen Aufenthalt ermöglicht, da ich bei ihr wohnen konnte. Dem Erwerb meines Ferienappartements gingen Urlaubsreisen in die Landes am Atlantik mit Besuchen von Loireschlössern sowie Nancy, Orléans, Poitiers und Bordeaux und nach Argeles-sur-Mer an der Südküste mit Besichtigungen in der Provence, von Arles, Nimes, Orange, vom Pont du Gard, St. Remy de Provence u.a. voraus (in den Siebzigerjahren).

Mein Ferienappartement hatte ich im Jahr 1981 erworben. Da ich die Côte d'Azur zwischen La Napoule und St. Raphaël sehr liebe, kam ich auf die Idee, meine Hälfte unseres verkauften Hauses dort anzulegen. Es befand sich acht Kilometer außerhalb von Cannes und die damalige Möglichkeit „Stand-by" nach Nizza fliegen zu können, spielte dabei auch eine große Rolle. Ich bin im Laufe der zwanzig Jahre sehr oft in Cannes gewesen und habe auch am dortigen Kulturleben teilgenommen. Von Cannes aus machte ich Ausflüge mit dem Schiff zu den nahegelegenen lerinischen Inseln und Busausflüge nach Nizza und ins Hinterland. Ausflüge ins Fürstentum Monaco standen ebenfalls auf meinem Programm.

In der ersten Zeit verbrachte ich meine Urlaube dort noch mit meinem Ex-Mann. Einmal machte ich dort Urlaub mit einer Freundin, einmal mit Verwandten und einmal mit meiner Tochter Sonja. Meine ausführlichen Berichte beginnen mit dem Jahr 1994. Es schließen sich zwei Tagebücher aus dem Jahr 1999 an. Auszüge aus den Gästebüchern meiner Mieter gehören ebenfalls dazu. Den Besuch bei meinem Bruder in Paris im Mai 1997 und einiges über Jacqueline habe ich darüber hinaus niedergeschrieben.

Im März 2000 habe ich meine Ferienwohnung verkauft. Die Reise, die über Citeaux, Cluny und Tournus führte, bevor es zur Vertragsunterzeichnung kam, habe ich ebenfalls beschrieben. Der letzte sehr ausführliche Bericht handelt von der Exkursion, die ich mit der Universität als Studentin der Kunstgeschichte nach Paris machte. André Le Nôtre und der französische Barockgarten stand auf dem Programm. Insbesondere Versailles hat dabei einen sehr nachhaltigen Eindruck bei mir hinterlassen.

Mit meinen Aufzeichnungen möchte ich auch die Vor- und Nachteile in unserem Nachbarland aufzeigen, denn vieles nimmt man nicht wahr, wenn man nur als Tourist das Land bereist. Ich selbst habe insbesondere die großartige Landschaft der Côte d'Azur genossen und die historischen Bauwerke, die mich als Kunstinteressentin sehr faszinierten. Vom „savoir vivre" habe ich dabei in der französischen Konsumgesellschaft weniger wahrgenommen.

La Côte Diva

Die Diva Côte d'Azur ist ein Star, zunächst durch ihre Schönheit, geschmückt mit dem geradezu unverschämten Glanz des glitzernden Mittelmeeres und dem Gold der Mimosen, die mitten im Winter verkünden, daß es mit dem ein Ende hat.

Matisse, Pablo, Gärten und Bilder, 70 Museen, ca. 100 Galerien und Ateliers. Der Star liebte stets die Künstler, zog sie magnetisch an.

Musiker, Schriftsteller und Maler schöpften die Inspiration der Sonne angesichts des Meeres, der Natur, der Farben. Es war an der Côte, daß nach Monet und Renoir Matisse, Chagall und Dufy das „schönste Licht der Welt" einfingen. Léger konnte man treffen und Picasso, wenn er zwischen Gemälden und Keramiken mit Elduard, Aragon, Cocteau oder Prévert plauderte. Zeitgenössische Skulpturen findet man in den Städten oder im Garten der Maeght-Stiftung.

Alpes d'Azur, der Star in Natura. Hinter der Sonnenbrille des Stars, nur wenige Kilometer vom Meer, doch schon weit weg von Hektik und mondänem Getriebe, ein weniger bekanntes, jedoch hinreißend natürliches Gesicht: Das Gebirge. Berge, die bis auf 3000 m ansteigen, mit Gemsen und Mufflons, Skistationen und verschneiten Gipfeln, Wintersporthütten und Wanderwegen. Dann Wildbäche, Wasserfälle und Gebirgsseen, Lärchenwälder, Schafherden. Doch die Alpes d'Azur sind auch ein Land der tausend Blumen, der grandiosen, in rötlichem Ocker eingeschnittenen Schluchten und der Bergdörfer.

Reise nach Paris 1955

Mein Vater hatte immer viel von Frankreich gesprochen. Während des Krieges hatte man ihn gleich 1939 als Bahnhofsvorsteher in den Norden des Landes abgeordert. Er hielt sich vor allem in Laon auf und sprach es immer deutsch aus: „Laong". Aber es fielen auch andere Namen wie St. Quentin und Etaples, wo er sich später aufgehalten hat. Er hat in dieser Zeit gut Französisch gelernt und ist auch einmal in Paris gewesen. Sogar ein paar Fotos von Frankreich hatte er gerettet. Damit wurde das Interesse für Paris bei mir geweckt, und es war mein sehnlichster Wunsch, diese schöne Stadt baldmöglich einmal besuchen zu können.

Ich arbeitete damals das dritte Jahr bei der Landeszentralbank Marktredwitz. 1954 hatte ich zusammen mit meiner Mutter und meinem Bruder meinen ersten Urlaub vom selbstverdienten Geld in Österreich verbracht. Ein Arbeitskollege meines Vaters hatte mich auf St. Gilgen am Wolfgangsee aufmerksam gemacht. Er meinte, es wäre besser, in St. Gilgen zu wohnen als in St. Wolfgang. Ich schrieb ans dortige Fremdenverkehrsamt und besorgte die Pension in St. Gilgen, in der wir zu dritt unseren Urlaub verbrachten, am gleichen Ort, wo unser Bundeskanzler immer Urlaub macht.

In dieser Pension lernten wir eine französische Familie kennen. Jacqueline war genauso alt wie ich. Mit ihren Eltern, die aus Montmorency nördlich von Paris stammten, machte sie auch dort Urlaub. Mit Jacqueline habe ich mich damals angefreundet. Wir tauschten die Adressen aus und schrieben uns anschließend gegenseitig Briefe. Dabei habe ich immer durchblicken lassen, daß ich gerne einmal Paris besuchen möchte.

Jacqueline schickte mir viele schöne Postkarten aus Frankreich, vor allem von den Loireschlössern und der Côte d'Azur. Sie selbst interessierte sich für deutsche Schlager, für die ich ihr die Noten zugehen ließ. Ich glaube, ich habe mich dann bei ihr mehr oder weniger für vierzehn Tage selbst eingeladen.

Man war aber mit meinem Besuch einverstanden. Als dann alles so weit organisiert war, daß ich meine Fahrkarte kaufen gehen konnte, bekam ich eine Einladung zu einer Hochzeit von einer Freundin aus Nürnberg. Damit hatte ich gar nicht gerechnet, und es tat mir so leid, daß ich diese Einladung ausschlagen mußte.

Täglich wartete ich auf einen Brief von Jacqueline, der mir be- stätigen sollte, daß sie mich am Gare de l'Est abholen würde. Ich überlegte mir schon, was ich machen würde, wenn sie nicht käme. Am Tag vor meiner Abreise traf ihr Brief jedoch bei mir ein, so daß ich sicher war, daß sie zum Bahnhof kommen würde.

Die Fahrt nach Paris war eine lange Reise für mich. Vom nord- ostoberfränkischen Marktredwitz aus habe ich zwei Tage dafür ge- braucht. So etwas war damals beinahe noch eine Sensation. „Von Rawertz (Marktredwitz auf oberfränkisch) nach Paris" sprach ein Kontrolleur beim Betrachten meiner Fahrkarte ganz laut aus. Es gab zu dieser Zeit noch Bahnsteigsperren. Ich unterbrach meine Reise in Stuttgart, übernachtete dort in einer Pension und fuhr am nächsten Tag weiter nach Paris.

Schon lange vorher hatte ich die Route studiert. Die Vorfreude beim Betrachten der Landkarte war damals beinahe noch größer gewesen als die Freude an der Reise selbst.

In Straßburg mußte ich noch einmal umsteigen. Von dort aus ging es dann aber direkt nach Paris weiter. Zum ersten Mal saß ich in einem Abteil, in dem ich von lauter Franzosen umgeben war. Ich hatte ja vier Jahre Französisch in der Schule gelernt, und von daher gesehen gab es keine Verständigungsschwierigkeiten.

Ich habe erwähnt, daß ich Deutsche bin und nach Paris führe. Darauf sagte ein älterer Franzose zu mir auf Deutsch: „Wissen Sie, was Hitler gemacht hat?" Ich glaube, ich habe seine Frage nicht beantwortet. Mit dieser Thematik hatte ich mich damals erst zehn Jahre nach dem Krieg noch nicht befaßt. Eine Französin wollte mir etwas anbieten; die anderen im Abteil winkten aber ab.

Sehr genossen habe ich die Fahrt durch das Marnetal. Es war für mich von einer unbeschreiblichen landschaftlichen Schönheit. An viel mehr kann ich mich, was diese Bahnfahrt betrifft, aber nicht erinnern.

Der Zug kam pünktlich in Paris an, und Jacqueline begrüßte mich herzlich am Bahnsteig. Anschließend trafen wir uns mit den Eltern, dem Ehepaar Géneau, die mich in ein Restaurant zum Essen einluden. An eine Suppe kann ich mich erinnern, die mir sehr fremdartig vorkam. Das andere ist mir leider entfallen. Nach dem Essen fuhren wir nach Montmorency.

In der Wohnung der Familie Géneau bekam ich ein eigenes Zimmer. Die Wohnung war größer als unsere in Marktredwitz, aber die Géneaus waren keine reichen Leute. Jacqueline hatte da wohl damals in Österreich ein bißchen angegeben, und ich war darauf hereingefallen. Sie hatte mir nämlich erzählt, sie hätten ein Auto und ein Dienstmädchen. Die große Ernüchterung kam, als ich erfuhr, daß ihr Vater Bahnbeamter war, genauso wie mein Vater.

Die Géneaus hatten aber noch ein zweites Domizil zur Verfügung, nämlich das Haus einer Tante, die gerade verreist war. Jacquelines Eltern hielten sich dort die meiste Zeit auf. Im Garten hinter dem Haus befanden sich viele Obstbäume.

Gleich am nächsten Tag begann ich mit der Besichtigung von Paris. Es dauerte ungefähr eine Stunde, bis ich von Montmorency mit dem Zug dort angekommen war. Jacquelines Vater hatte sich teilweise freigenommen, um mir das eine oder andere in Paris zu zeigen. Manchmal begleitete uns ihre Mutter, die aus der Bretagne stammte. Einiges habe ich nur mit Jacqueline unternommen, und manches habe ich auch ganz allein besichtigt.

So habe ich damals in Paris fast alles gesehen, was Rang und Namen hat und was Touristen besichtigen, wenn sie das erste Mal nach Paris fahren.

Als allererstes besuchte ich den Louvre, wo ich u.a. die Mona Lisa von Leonardo da Vinci bewunderte. Nachdem ich mich ungefähr zwei Stunden in diesem weltberühmten Museum aufgehalten hatte, begab ich mich zur gotischen Kathedrale Notre Dame. Von diesem herrlichen Bauwerk habe ich viel später mit Akribie eine Bleistiftzeichnung angefertigt, abgezeichnet aus einem Kunstgeschichtebuch, die jetzt mein Ferienappartement in L. schmückt.

Mittags traf ich mich mit Jacqueline und ihrem Vater. Die zweite große Ernüchterung kam, als wir uns zum Mittagessen in die Kantine für Eisenbahnbedienstete in der Nähe des Gare St. Lazare begaben. Ich kann mich leider überhaupt nicht mehr daran erinnern, was wir dort gegessen haben. Das Essen war aber sicher gut, denn ich kann mich in diesem Zusammenhang auch an nichts Negatives erinnern. Was ich dabei jedoch als nicht sehr angenehm empfunden habe, war, daß es dort recht laut zuging. Es hielten sich viele Menschen in der Kantine auf, die sich alle sehr angeregt miteinander unterhielten.

Nach dem Essen begaben wir uns zu den Galeries Lafayette, einem wunderschönen großen Jungendstilkaufhaus aus dem vorigen Jahrhundert. Ich war davon begeistert, denn so etwas Schönes hatte ich noch nie gesehen. Vor allem die vielen verschiedenen Parfums fielen mir auf, die man dort kaufen konnte.

Mir ist leider völlig entfallen, wie wir die jeweiligen Abende verbracht haben. An einem Abend sind wir zum Montmartre gefahren. Wir kamen am Moulin Rouge vorbei und begaben uns zum Place du Tertre. Ganz in der Nähe befindet sich die Kirche Sacre

Coeur, zu der wir auch hinaufgestiegen sind. Am Place du Tertre hielten wir uns eine Weile bei einem Glas Wein auf. Das war der einzige Abend, an dem wir etwas unternommen haben.

Ganz allein unternahm ich eine Motorbootfahrt auf der Seine. Mit Frau Géneau bin ich auf dem Eiffelturm gewesen. Man konnte mit einem Lift hochfahren. Dort sind wir damals Brigitte Bardot begegnet. Besonders genossen habe ich den herrlichen Blick von dort oben auf den Trocadéro mit dem Palais de Chaillot.

Paris hat großes Glück gehabt, daß es so gut wie unbeschädigt durch den Zweiten Weltkrieg gekommen ist. Nachdem abzusehen war, daß Deutschland den Krieg verlieren würde, hatte Hitler befohlen, Paris dem Erdboden gleich zu machen. Ein deutscher General hat diesen Befehl verweigert und damit Paris gerettet.

Für uns bedeutete das auch, daß wir etwas genießen konnten, was es in Deutschland in den großen Städten, z.B. in Berlin, nicht mehr gab, noch nicht wieder aufgebaut war bzw. das, was bei uns unwiederbringlich verloren gegangen ist.

Großparis hat ca. zehn Millionen Einwohner. Das Stadtzentrum ist sehr stark geprägt vom Wirken von Georges Eugène Baron Haussmann, einem französischen Staatsbeamten und Politiker, der von 1853-1870 unter Napoleon III. Präfekt von Paris war. Er führte die großzügige Modernisierung der französischen Hauptstadt mit breiten Boulevards, Radialstraßen, Sternplätzen und Parkanlagen durch, wodurch das historische Stadtbild zerstört wurde.

Diese Maßnahme diente der Arbeitsbeschaffung und sollte bei Aufständen den Barrikadenbau unwirksam machen. Seine Vorstellungen übten eine starke Wirkung auf den Städtebau der Gründerzeit aus.

Damals habe ich mit einer ganz billigen Kamera schon fotografiert. Die Schwarzweißfotos habe ich in ein Album geklebt, und wenn ich sie heute, dreißig Jahre später, betrachte, fällt mir auf, daß meine Kleider für Paris eigentlich recht hausbacken aussahen. Wir hatten sie damals Anfang der Fünfzigerjahre alle selbst genäht. Auch kam ich aus der oberfränkischen Kleinstadt Marktredwitz.

Natürlich habe ich den riesigen Place de la Concorde, den größten Platz der Welt, bewundert, ebenso das Pantheon, in welchem Napoleon beigesetzt ist und die Kirche „La Madeleine", erbaut im Stil eines griechischen Tempels. In letzterer habe ich zwei Jahrzehnte später einmal an einer Aufführung der Lukaspassion von Telemann teilgenommen.

Begeistert war ich vom Pont Alexandre, einer prächtigen Brücke aus dem vorigen Jahrhundert. Ich setzte mich auf die Balustrade unterhalb der Brücke. Dort hatte Jacqueline ein Bild von mir gemacht. Das Foto wurde so gemacht, daß sich mein Kopf genau in der Mitte einer Gruppe von drei Lampen im Hintergrund befand, so daß ich aussehe, als hätte ich eine Krone auf.

Eine Aufführung in der Opéra konnte ich leider nicht besuchen, da sie im August gerade ihre spielfreie Zeit hatte. Statt dessen ging ich an einem Nachmittag mit Jacqueline in eine Ballettaufführung in einem Theater an den Champs-Elysées. Was wir dort damals gesehen haben, ist mir leider entfallen. Ich kann mich nur noch an eine sehr eindrucksvolle Vorstellung erinnern. Was mir jedoch nicht entfallen ist, das sind die Worte einer Süßigkeitenverkäuferin, die mehrmals in der Pause ganz laut rief: „Prenez les Eskimos, chocolats glacés". Natürlich habe ich auch den Arc de Triomphe bewundert mit dem Grab des unbekannten Soldaten. Von dort aus verlaufen viele Straßen sternförmig in alle Richtungen.

In Paris bin ich zum erstenmal mit einer U-Bahn gefahren. Wir haben dieses Verkehrsmittel viel benutzt, und ich geriet das erste Mal in einen Streik hinein. Oft mußten wir sehr lange warten, bis eine Métro-Linie kam, und viele, viele Menschen warteten unten und unterhielten sich dabei recht laut. Auch mußte ich jeweils viele Treppen hinauf- und hinuntersteigen.

Ich kann mich nicht daran erinnern, daß ich Montmorency besichtigt habe, denn wir fuhren immer nach Paris. Montmorency liegt im nördlichen Vorortbereich von Paris und hat heute ca. 20.000 Einwohner. Wir kamen öfters an Enghien-les-Bains vorbei, einem Kurort an einem See nördlich der französischen Hauptstadt mit heute ca. 10.000 Einwohnern, ebenfalls im Département Val d'Oise gelegen. Montmorency und Enghien gehen wohl ineinander über.

Einmal hat Frau Géneau im Haus ihrer Tante ein richtiges Menü gekocht. Während des Essens haben wir uns lange unterhalten, so daß die ganze Zeremonie ein paar Stunden gedauert hat. Frau Géneau erwähnte noch, daß sie heute viel gearbeitet hätte. Vor dem Kochen hatte sie sich noch mit der Wäsche befaßt. Am nächsten Tag haben wir die Reste gegessen.

Mit Jacqueline bin ich auch im Quartier Latin, dem Studentenviertel, gewesen und im Jardin du Luxembourg. An diesem wunderschönen Park erinnere ich mich sehr gerne.

Wir haben damals weder über den Krieg noch darüber gesprochen, was uns nach dem Krieg widerfahren ist. Allein durch die Möglichkeit, so eine Reise machen zu können, hatte ich diese Dinge damals unglaublich verdrängt.

Natürlich war es mein sehnlichster Wunsch gewesen, bei dieser Gelegenheit auch das Schloß von Versailles zu besichtigen. Frau Géneau hatte es möglich gemacht. Überhaupt habe ich mich mit Frau Géneau am besten verstanden, denn mit ihr hatte ich das meiste gemeinsam.

Wir fuhren mit dem Zug dorthin. Versailles liegt südwestlich von Paris und hat 94.000 Einwohner. Die berühmte Schloß- und Parkanlage Ludwigs XIV. wurde von 1661-1691 erbaut. Das Schloß von Versailles hat Milliarden gekostet. Damit hätte man eine große Stadt bauen können. Der Bau wurde von den Steuern des Volkes finanziert. Auch damals gab es dort schon viele Besucher. Die Bettler konnten bis in den Speisesaal des Königs vordringen. Sie warteten dort, bis der „Sonnenkönig" seine Mahlzeit beendet hatte und machten sich dann über die stattlichen Reste her.

Nachdem ich dieses herrliche große Schloß von außen betrachtet hatte, hatten wir großes Glück, daß wir es auch von innen besichtigen konnten. Frau Géneau hatte gesagt, daß sie gerne einem Besuch das Schloß zeigen möchte, denn man war gerade dabei, es innen zu renovieren. So wurden wir eingelassen. Die große Spiegelgalerie habe ich leider nicht in besonders guter Erinnerung behalten, denn die Spiegel waren nicht geputzt und wirkten recht grau auf mich.

Anschließend liefen wir noch durch die riesigen Parkanlagen bis zum Petit Trianon, einem Zufluchtsort von Marie-Antoinette. Ich war begeistert von der wunderbaren barocken Garten- und Parkgestaltung.

Mein Vater hatte zu mir gesagt, ich könnte nicht erwarten, daß Familie Géneau alles für mich bezahlt, wenn ich mich dort selbst eingeladen hätte. So fragte ich schließlich danach, und ich bekam zur Antwort, daß ich sechs Francs pro Tag bezahlen sollte. Darauf hatte ich mich eingestellt, war aber dennoch etwas enttäuscht darüber, daß man das Geld in der Form von mir annahm. Wieviel der Franc damals wert war, weiß ich leider nicht mehr. Wie wir es mit den jeweiligen Eintrittsgeldern und Fahrscheinen gehandhabt haben, ist mir leider dabei entfallen.

Am letzten Tag ging ich mit Herrn Géneau und Jacqueline ins Musée Carnavalet. Es handelt sich hier um ein historisches Museum, in welchem man die Geschichte von Paris studieren kann. Vor diesem Museum befindet sich ein Denkmal von Ludwig XIV.

Die U-Bahn fuhr jetzt überhaupt nicht mehr, da sich der Streik ausgeweitet hatte. Dies bedeutete, daß wir sehr viel laufen muß- ten, denn die Entfernungen in Paris sind groß. Dabei habe ich damals im Alter von neunzehn Jahren schon beinahe schlapp ge- macht.

Während meiner Rückfahrt nach Deutschland hat sich nichts besonderes ereignet. Ein bißchen k.o. bin ich zu Hause angekom- men. In der Bank war man auch nicht besonders freundlich zu mir, als ich am ersten Tag wieder zur Arbeit erschien. Niemand fragte mich danach, wie denn die Reise gewesen ist, und was ich alles erlebt habe.

Eine Arbeitskollegin meinte, als ich ihr zu verstehen gab, daß mich dies wundere, daß man mir neidisch war, daß ich diese Reise machen konnte. Die anderen mußten zum Teil von ihrem Ver- dienst eine Familie ernähren. Viel hatte ich jedoch auch nicht, sondern nachdem ich zu Hause mein Kostgeld abgegeben hatte, verblieben mir gerade noch DM 100,00 im Monat.

Anfang der Fünfzigerjahre war das aber noch viel Geld. Aber schließlich hatte ich es ja meiner Eigeninitiative zu verdanken, daß ich nach Paris gekommen bin, denn ein Hotel hätte ich mir damals nicht leisten können.

Frankreich im Herbst 1994

Mit Lufthansa Stand-by bin ich im Oktober nach Nizza geflogen. Der Taxifahrer hatte mich auf dem Weg zum Flughafen gefragt, ob ich nicht nach Berlin möchte. Nun, ich mußte mich nach den Vermietungen wieder um mein Ferienappartement kümmern. Außerdem wollte ich an der Côte d'Azur Urlaub machen. Einige erholsame Tage hatte ich auch dringend nötig.

Beim Einchecken bekam ich nicht gleich einen Sitzplatz zugeteilt, da die Maschine ziemlich voll war. Es dauerte am Gate auch sehr lange, bis man mich endlich akzeptierte. Ich hatte erwähnt, daß ich alt und behindert sei, schließlich bekam ich einen Sitzplatz, als andere mit ihrem Stand-by-Tickets ankamen und ich sagte, daß ich schon lange vor ihnen dagewesen sei.

Der Flug von Frankfurt nach Nizza dauert nur anderthalb Stunden. Man hat kaum Zeit, darüber nachzudenken, daß man im Flugzeug sitzt. Zuerst bekommt man eine Zeitung zum Lesen angeboten, und sobald das Flugzeug die nötige Flughöhe erreicht hat, beginnt man, das Essen auszuteilen. Bis alle abgefertigt sind, alles verspeist ist und noch ein- oder zweimal Kaffee oder andere Getränke angeboten wurden, ist soviel Zeit verstrichen, daß es die Stewardessen und Stewards gerade noch schaffen, alles abzuräumen, bis der Anflug auf Nizza beginnt.

Auf dem kleinen internationalen Flughafen in Nizza, wenn ich ihn mit Frankfurt vergleiche, bin ich schon oft angekommen. Mit der Paßkontrolle geht es dort schnell, und das Gepäck trifft auch immer gleich auf dem Band ein. Der Flughafen in Nizza verfügt allerdings seit kurzem über eine vornehme Drehtür, wie ich sie von Frankfurt nicht kenne.

Da ich im Jahr 1994 mit meinen Vermietungen beinahe auf meine Kosten gekommen war, entschloß ich mich, für die ersten fünf Tage in Frankreich ein Auto zu mieten. Die Angebote von Avis waren recht günstig, so daß ich von Frankfurt aus einen Renault Clio mit Automatik bestellte. Man fragte mich noch am Telefon, womit ich denn in Nizza bezahlen wollte. Ich nannte die Visa-Karte, und man hatte nichts dagegen einzuwenden.

Gerade jetzt, als ich die Visa-Karte dringend brauchte, hatte ich von der Banque Nationale de Paris in Straßburg meine neue Karte noch nicht bekommen. Man schickte mir irrtümlicherweise die alte wieder zurück, die ich einsenden sollte. Als nach meiner Reklamation die neue Karte immer noch nicht eintraf, rief ich am Tag der deutschen Einheit in Straßburg an. Man rief mich zwei Stunden später wieder zurück und ließ mich wissen, daß man die neue Karte bei sich gefunden hätte. Per Einschreiben erhielt ich sie dann tatsächlich zwei Tage später.

In Nizza besorgte ich mir als erstes einen Gepäckwagen. Diesen kann man sich draußen gegen ein Depot von zehn Francs holen. Als ich mich damit wieder hineinbegab, war auf dem Gepäckband mein Gepäckstück schon angekommen. Auf die Schnelle fand ich jedoch niemanden, der mir mein Gepäck vom Band herunterholte, denn alleine konnte ich das nicht. So lief mein Gepäck noch einmal um das ganze Band herum. Dadurch habe ich Zeit verloren. Deutsche halfen mir, nachdem ich sie deswegen angesprochen hatte. Sie holten meine beiden großen Gepäckstücke vom Band herunter und setzten sie mir auf den Gepäckwagen.

Als ich mich endlich mit meinen sieben Sachen zum Avis-Schalter begab, standen inzwischen vier Kunden vor mir dort Schlange. Dies bedeutete, daß ich als letzte dran kam. „Bonjour, Madame", sagte die junge Dame zu mir am Schalter. Man hatte meine Vorbestellung dort registriert. Ich brauchte nur noch die nötigen Formalitäten abzuwickeln. Dies verlief zuerst reibungslos, und ich sollte nur 800 Francs anzahlen. Dafür bat man mich, die Geheimzahl auf einem dafür vorgesehenen kleinen Apparat einzu- tippen. Diese hatte ich leider in Frankfurt versehentlich nicht mit- genommen. Auswendig wußte ich sie leider auch nicht, da ich sie noch nie benötigt hatte. Auch konnte ich auf die Schnelle meine Telefonnummer in L. nicht nennen, da ich sie selbst nie benötigte.

Jetzt begannen für mich die Komplikationen. Man wurde miß- trauisch, was bedeutete, daß ich zwei weitere Formulare ausfüllen mußte. Auch meine Bankverbindung in Deutschland mußte ich angeben. Offensichtlich wurde die Visa-Karte nicht als Kreditkarte anerkannt. Ich müßte 30 % mehr vorauszahlen auf den gesamten Mietpreis, die man mir später zurückerstatten würde, sagte man mir. Soviel Bargeld hatte ich aber nicht bei mir, um alles im Vor- aus zu bezahlen. Ich stellte deshalb einen Scheck auf die Banque Nationale de Paris aus.

Man war so mißtrauisch, daß man sowohl mit der BNP in Straßburg als auch mit meiner deutschen Bankverbindung telefo- nierte. Dadurch habe ich wieder ziemlich viel Zeit verloren. „Non, c'est bon", es wäre alles in Ordnung, sagte schließlich die Dame von Avis zu mir. So konnte ich mich endlich auf den Weg machen, um mein Auto in Empfang zu nehmen. Ich bekam auch das richtige Auto, mußte aber zweimal darum bitten, bis mir die junge Dame mit dem Gepäck half. Sie hob meinen Koffer in den Kofferraum, was ihr offensichtlich auch Mühe machte, denn der Koffer war schwer. Ich bedankte mich herzlich bei ihr und machte mich nun auf den Weg nach L.

Das Auto konnte ich starten. Ich hatte damit keine Probleme. Unterwegs gab es auch keine Schwierigkeiten mit dem fremden Auto. Als ich damit in L. ankam, war es allerdings bereits 13.00 Uhr. Der Hausmeister hatte gerade Mittagspause. Später stellte sich heraus, daß eine Frau ihn vertrat, da er in Urlaub war. Zwei Frauen etwa in meinem Alter standen draußen und unterhielten sich. Nachdem ich sie darauf angesprochen hatte, ob sie mir helfen könnten, sagten sie zu mir, sie hätten Arthrose. „Nous n'avons pas un seul homme ici", sagten sie noch. Es wäre kein einziger Mann hier.

So brachte ich erst mein leichtes Handgepäck nach oben. Als ich danach wiederum mein Appartement verließ, sprach ich einen einfachen jungen Mann an, der auf der gleichen Etage in seinem kleinen Appartement immer das Radio laut aufdreht und schräge Musik hört. „Moi, je suis pressé", sagte er, als er gerade seine Wohnung verließ. Er hatte es eilig. Meine Einwände, daß ich dies alleine nicht könnte, störten ihn überhaupt nicht. Er war nicht bereit, mir zu helfen.

Ich begab mich wieder nach unten, packte aus meiner großen Reisetasche die Hälfte der Sachen aus und konnte die Tasche und die Sachen nacheinander nach oben bringen. Mit dem großen Koffer konnte ich aber nun wirklich nicht alleine fertig werden. Eine Dame, die gerade vorbeiging, sprach ich deswegen an. Bereitwillig holte sie meinen Koffer aus dem Auto heraus und brachte ihn auch die paar Stufen zur Eingangstür hoch. Den Rest konnte ich selbst besorgen, da man den Koffer rollen kann. Ich bedankte mich herzlich bei der hilfsbereiten Dame.

Nachdem ich meine Sachen ausgepackt hatte, legte ich mich eine Stunde hin, um mich etwas auszuruhen. Danach begab ich mich zum Supermarkt um einzukaufen. In diesem Einkaufszentrum, das über ein sehr großes allgemeines Warenangebot über die riesige Lebensmittelabteilung hinaus verfügt, muß man viele Wege zurücklegen, wenn man einen leeren Kühlschrank hat. Hinzu kam, daß man einige Waren ganz woanders hingebracht hatte, so daß es ziemlich lange dauerte, bis ich ein Paket Kaffee fand. Mit müden Beinen kam ich im Appartement an.

An der Kasse werden die einzelnen Gegenstände jeweils in Plastiktüten gepackt, so daß man sich dort außer um die Bezahlung nur noch um die fertigen Tüten kümmern muß. Auch kann man seinen Einkaufswagen deponieren und ihn nach dem Einkauf wieder abholen.

Ich benutzte zum Einkauf auch das Auto. Überhaupt erledigte ich in der ersten Woche alles, wozu ich ein Auto brauchte. So konnte ich damit auch nach F. fahren, ganz in der Nähe von L., um dort an der kleinen Croisette spazieren zu gehen. Ich setzte mich dort meistens auf die Steine und betrachtete eine Zeitlang bei schönem Wetter das tiefblaue Meer. Am Horizont konnte man Cannes und die Inseln sehen.

Ich machte eine Fahrt an der Küstenstraße entlang in Richtung St. Raphaël. Die rote Felsenküste der Corniche d'Or habe ich dabei besonders genossen. Ich fuhr wieder zu der Stelle, an der ich mich jedes Jahr mindestens einmal aufhalte. Von einem Felsvorsprung hat man einen herrlichen Blick auf das tiefblaue Meer und die Felsenküste. Ein paar Stunden verbringe ich jeweils dort auf einem Klappstuhl mit einem Buch in der Hand. Man kann dort so richtig die Schönheiten der Côte d'Azur genießen. Viele andere gehen spazieren, wandern oder klettern in den Felsen herum.

In der ersten Woche war ich sehr müde und abgespannt. Deswegen hatte ich keine Lust, an irgendwelchen Aktivitäten teilzunehmen. Als ich das erste Mal den Swimmingpool benutzte, konnte ich nicht mehr schwimmen. Es war so, als hätte ich das Schwimmen verlernt.

Das Auto konnte ich auch dazu benutzen, um Briefmarken von der Post zu besorgen. Dort mußte ich sehr lange warten, da ein Ehepaar vor mir Sonderwünsche hatte bezüglich irgendwelcher Sondermarken. Das junge Mädchen am Schalter verschwand und kam lange Zeit nicht wieder. Als sie endlich zurückkam, brachte sie keine Sondermarken, da sie diese nicht finden konnte.

Ich fuhr zum Lokal des Vereins, bei dem ich seit drei Jahren Mitglied bin. Zuerst bin ich daran vorbeigefahren. Als ich schließlich dort ankam, stellte ich fest, daß die oberen Räume, in denen ich an diesem Wochentag um diese Zeit an französischer Konversation teilgenommen hatte, geschlossen waren. Die unteren Räume waren aber geöffnet. Ein Herr, der sich dort aufhielt, sagte zu mir, daß es nur noch englische Konversation gäbe.

Die Informationen über die Vereinsaktivitäten fand ich in meinem Briefkasten. Diesen entnahm ich, daß am Samstagabend in L. ein Essen stattfinden sollte. Ich rief bei der Vorsitzenden an, um mich anzumelden. Sie beschrieb mir den Weg zum Restaurant des Amis, der Freunde. Auch fragte ich sie, wann ich denn meinen Mitgliedsbeitrag bezahlen könnte.

Wegen des Beitrags fuhr ich an einem Nachmittag extra ins Vereinslokal. Frau P. fragte mich, wie lange ich denn bleiben wollte. Enttäuscht war sie, als ich ihr sagte, daß ich nur drei Wochen bliebe und nicht sechs Monate. Ich sagte ihr, daß ich in L. genauso alleine wäre wie in Frankfurt. Darauf erwiderte sie, daß sie mir jemanden suchen würde, der sich ein bißchen um mich kümmert.

Frau P., die erste Vorsitzende des Vereins, ist eine schöne stattliche Frau. Sie sieht genauso aus, wie man sich eine Französin vorstellt. Bei ihrem Anblick mußte ich einmal an die französische Puppe denken, die mein Vater mir während des Krieges aus Frankreich geschickt hatte. Sie war schön, aber schlecht gearbeitet und fiel bald auseinander. Frau P. ist Französin mit Leib und Seele und spricht am liebsten überhaupt nur über Frankreich.

Sehr enttäuscht war ich, daß sie nur Friseuse gewesen ist, als ich sie nach ihrem Beruf fragte. Noch enttäuschter war ich, als ich ihren Mann sah, der Bäcker ist. Auf einer Busfahrt hatte ich ihn kennengelernt. Er ist recht klein und unscheinbar, also in seiner äußeren Erscheinung das ganze Gegenteil von seiner Frau.

Das Auto konnte ich auch dazu benutzen, um zum Muschelessen in L. zu fahren. Als ich abends eine halbe Stunde vorher starten wollte, gelang es mir jedoch nicht, im Auto das Licht einzuschalten. Auch anhand der Betriebsanleitung konnte ich es nicht herausfinden. Als ein junger Mann gerade mit seinem Auto ankam, fragte ich ihn deswegen. Er sagte mir sofort, daß ich den Hebel drehen müßte. Darauf wäre ich von selbst nie gekommen.

Ich parkte auf dem großen Parkplatz im Zentrum von L. Von dort lief ich zum Restaurant, das nicht weit entfernt war. Gerade als ich dort ankam, war es schon 19.00 Uhr. Ich begegnete draußen Madame Leclerc, einer Bekannten, die Lehrerin ist und ihrer Freundin Madame Bouvet. Beide begrüßte ich kurz, und danach begab ich mich ins Restaurant.

Man nahm mir meinen Mantel ab, und Frau P. wies mir einen Platz an einem Tisch an: „Il y a encore une place ici", sagte sie zu mir. Als ich meinen Platz einnahm, stellte ich fest, daß ich zwischen lauter unbekannten Leuten saß. Nur eine Dame meinte, sie hätte mich schon einmal gesehen. Sie fragte mich, ob ich Engländerin sei und war natürlich sehr enttäuscht darüber, als sie erfuhr, daß ich Deutsche war.

Ein Herr neben mir und einige andere sorgten dafür, daß ich ordentlich zu essen und zu trinken bekam. Unterhalten haben wir uns nur ganz wenig. Frau P. hatte vorher den anderen zugeflüstert, daß am kommenden Sonntag in Deutschland Wahlen stattfänden. „Dimanche sont les élections", hatte sie gesagt. Das hatte ich verstanden.

Es kann sein, daß einige am Tisch wußten, wer ich bin; ich kannte die Leute jedoch nicht. Am Tisch saß noch ein Herr, der ein sehr rauhes Deutsch sprach und erzählte, daß er polnischer Herkunft sei. „Ich bin in Wiesbaden geboren", sagte er. „Ich habe bei der Wiedergutmachungskommission gearbeitet." Auch erzählte er davon, daß er sich im Elsaß aufgehalten hatte. Viel mehr haben wir nicht miteinander geredet.

Nach dem Essen spielte eine Kapelle zum Tanz auf. Ich ging zunächst zu Frau Leclerc, um mit ihr ein paar Worte zu wechseln. Sie sagte mir, daß sie keine französischen Konversationskurse mehr halten würde, da es dafür keine Teilnehmer mehr gäbe. Sie fragte mich noch, wo sich denn meine Tochter befände. Plötzlich fing die Kapelle an, einen Wiener Walzer zu spielen, und zwar den bekannten Straußwalzer „an der schönen blauen Donau." „Une valse viennoise", sagte ich hocherfreut zu Frau Leclerc und eine Französin forderte mich zum Tanz auf.

Ich tanzte den Walzer mit Begeisterung und konnte es nicht lassen, während des Tanzes sämtliche Melodien ganz leise mitzusingen. Jede einzelne Stelle dieses Walzers ist mir bekannt. Ich hatte ihn auch einmal auf dem Klavier eingeübt. Viele Melodien der bekannten Walzer von Johann Strauß sind mir sehr vertraut. In meiner Jugend hatte ich sie alle auswendig gelernt.

Das Auto brachte ich an einem Samstagvormittag nach Cannes zurück. Ich hatte vorher bei Avis angerufen, um herauszufinden, wo sich an der Croisette das Büro befindet. Frühmorgens wusch ich das Auto und machte mich rechtzeitig auf den Weg, da ich vor Übergabe des Wagens diesen noch volltanken mußte.

Ich hätte dies in L. tun können, war aber der Meinung, dieses in Cannes tun zu müssen. Ich fuhr die ganze Croisette entlang bis nach Palm Beach. Nirgendwo war eine Tankstelle zu sehen. Deshalb fragte ich einen Polizisten. Dieser beschrieb mir, wie ich zur nächsten Tankstelle käme. Eine ganze Weile mußte ich am Wasser entlang fahren. Die Tankstelle war jedoch immer noch nicht in Sicht. Schließlich hielt ich noch einmal und fragte eine Dame, die mir das letzte Stück des Weges beschrieb.

Glücklich dort angekommen tankte ich voll. Zur Croisette fand ich auch schnell zurück, und ich hatte Glück, daß ich das Auto vor dem Avis-Büro in der Nachbarschaft des Martinez parken konnte.

Aufgebrochen war ich mit der großen Hoffnung, dort meine 1.000 Francs in Empfang zu nehmen, die ich in Nizza als Sicherheit hatte vorlegen müssen. Die Übergabe des Autos erfolgte sehr schnell. Man hatte daran nichts auszusetzen. Die große Enttäuschung kam, als man mir eröffnete, daß man mir kein Bargeld und keinen Scheck aushändigen konnte, da man so etwas hier in Cannes nicht hätte. An meine Adresse in Frankfurt bekäme ich aber eine Woche später einen Scheck über diesen Betrag zugeschickt. Dies würde alles über die Zentrale in Paris abgewickelt, sagte man mir. Lediglich eine Abrechnung über mein Guthaben händigte man mir aus.

Es hat aber schließlich noch ungefähr einen Monat gedauert, bis ich mein Geld endlich zurück hatte. Als ich nach meiner Rückkehr nach Frankfurt die Post vom Postamt abholte, war tatsächlich ein Brief von Avis dabei. Sehr enttäuscht war ich, als ich ihn öffnete und feststellte, daß sich kein Scheck darin befand.

Er enthielt eine Bestätigung über mein Guthaben, außerdem einen Brief in englischer Sprache, mit welchem ich gebeten wurde, nicht nur mein französisches Bankkonto zu nennen, sondern auch alle anderen Zahlen in diesem Zusammenhang. Ich schrieb auf Französisch zurück und nannte alle Zahlen, so z.B. auch die gewünschten Nummern meiner Schecks, Code Guichet etc. Daraufhin überwies man mir den Betrag, so daß ich ihn Anfang Dezember tatsächlich auf meinem Bankkonto hatte.

Mit meinen Mietern war ich 1994 sehr zufrieden gewesen, jedenfalls was den Zustand der Wohnung betraf, nach sechs verschiedenen Mietern, die jeweils ein bis drei Wochen darin verbracht hatten. Allerdings hatte ich manche Arbeit zu Hause in Frankfurt im Zusammenhang mit den Vermietungen.

Nachdem ich an der Côte d'Azur kein preiswertes kleines Schränkchen mit drei Schubladen für mein Appartement auftreiben konnte, kaufte ich in einem Möbelmarkt in der Nähe von Wiesbaden einzelne Teile zum Zusammenbauen. Die gewünschte Farbe und Größe konnte ich zwar dort auch nicht bekommen, aber es war möglich, auf ein etwas kleineres schwarzes Schränkchen auszuweichen. Ich mußte jemanden bitten, mir die Teile in mein Auto zu bringen und mußte in Frankfurt wiederum jemanden bitten, sie mir in meine Wohnung zu bringen.

Obwohl ich nie ein Schränkchen zusammengebaut hatte, kam ich damit gut zurecht, als ich mich an die Arbeit machte. Alles klappte gut, und ich war ganz stolz darauf, als plötzlich ein fertiges Schränkchen dastand. Nun stand ich noch vor dem Problem, wie ich es nach Frankreich bekomme.

Der erste Mieter, den ich darauf ansprach, konnte es nicht mitnehmen, da er nur ein kleines Auto hat. Der zweite Mieter, den ich am Telefon darauf ansprach, als er wegen des Schlüssels anrief, zögerte zunächst und meinte, das ginge wohl nicht.

Als mein zweiter Mieter schließlich den Schlüssel bei mir abholte und ich ihm das Schränkchen zeigte, meinte er, er wollte einmal sehen, ob es vielleicht doch ginge. Er nahm es mit und lud es in sein Auto ein. Damit ist er gut in L. angekommen.

Er hat es dort ausgeladen und im Appartement abgestellt. Das alte Schränkchen hatte er jedoch nicht weggeworfen, weshalb ich später telefonisch den Hausmeister deswegen einschalten mußte. Herrn R. war ich natürlich sehr dankbar dafür, daß er das kleine Möbel nach Frankreich transportiert hatte. Dadurch war mir eine lange Autofahrt erspart geblieben.

Als Herr R. aus L. zurück war und bei mir anrief, um den Schlüssel zurückzubringen, erwähnte er, daß er in L. seine Filme vergessen hätte. Ich setzte mich deswegen mit dem Hausmeister telefonisch in Verbindung. Dieser fand die Filme, brachte sie zur

Post per Einschreiben und warf das alte Schränkchen auf den Müll.

In L. mußte ich dies alles bezahlen, als der Hausmeister aus dem Urlaub zurück war. Er bekam seine Kosten ersetzt und ein gutes Trinkgeld. Außerdem bezahlte ich die Kosten für die Reinigung der Wohnung für einen Mieter, der großen Wert darauf legte, eine glänzend saubere Wohnung vorzufinden. Ich erkundigte mich beim Hausmeister, was es kosten würde, für die Rolläden eine Automatik einbauen zu lassen. Da er mir den hohen Preis von 5.000 Francs nannte, konnte ich mich dazu nicht entschließen.

Als ich in L. eintraf, fand ich einen Brief der letzten Mieterin dort vor, die sich darüber beklagt hatte, daß die Vormieter noch anwesend waren, als sie morgens dort eintraf. Daß ich die Wohnung für ganze Tage vermiete, wissen alle meine Mieter. Der Mieterin, für die ich die Wohnung extra hatte putzen lassen, fehlte aber offensichtlich die nötige Einsicht. Dies bedeutete am ersten Urlaubstag Arbeit für mich, und als ich wieder zu Hause war, mußte ich mich nochmals mit dieser Angelegenheit befassen.

Von L. aus schrieb ich meinen verschreckten Mietern einen langen Brief und erklärte ihnen, daß es nicht meine Schuld sei, daß die Vermieter noch nicht abgereist waren. Sie hatten die Wohnung nur bis zum Tag davor gemietet.

Später als ich wieder in Frankfurt war, schrieb ich deswegen einen Brief an Frau D. Diese rief mich danach empört an. Sie würden immer am Montag abreisen, sagte sie zu mir. Davon war aber vorher nicht die Rede gewesen.

Es war überhaupt sehr schwierig, mit Frau D. eine sachliche Diskussion zu führen. Eigentlich hätte sie sich bei mir für ihr Versehen entschuldigen müssen. Ich erwähnte schließlich noch, daß ich für sie die Wohnung extra hätte putzen lassen. Nun beruhigte sie sich und sagte nichts mehr.

Menschlich klappte diesmal fast nichts. Aber das ist für mich nichts Neues. In der zweiten und dritten Woche ging ich wieder in meine Turnstunde, die in L. in einem Hotel ganz in meiner Nähe stattfand. Die Leiterin der Gruppe fragte mich, wie es mir ginge.

Ich erzählte ihr von meinem schönen Tag auf St. Honorat. Dort hatte ich eigentlich nur das Bedürfnis gehabt, in der Sonne zu liegen. Am Wasser hatte ich ein paar Stunden lang geruht und mich bräunen lassen. Ich wollte gar nicht mehr aufstehen. So müde und abgespannt war ich.

Als ich das letzte Mal vor meiner Abreise in die Turnstunde ging, war die Turnlehrerin nicht besonders freundlich zu mir gewesen. Ich weiß nicht, ob es damit etwas zu tun hatte, daß ich nach Deutschland zurückfuhr. Jeder hinderte jeden daran, sich mit mir abzugeben. Frau P. hatte noch zu mir gesagt: „Vous travaillez bien", Sie arbeiten gut. Mit anderen Worten meinte sie, daß ich alles recht gut machte. Mir gefiel es nicht, daß sie ausgerechnet das Wort Arbeit hierfür verwandte.

Beim Verabschieden sagte schließlich die Lehrerin zu mir, daß sie den Unterricht für die Franzosen halten würde; „Pour les Français je le fais", sagte sie zu mir. Frau P. fragte mich aber, wann ich denn wiederkäme.

Meinen ursprünglichen Plan, im April oder Mai dieses Jahres dorthin zu fahren, konnte ich leider nicht realisieren. Ich fühlte mich nicht danach. Frau P. hatte sich wirklich darum bemüht, jemanden für mich zu finden, der sich etwas um mich kümmern wollte. Sie hatte die Betreffende aber gleichzeitig wissen lassen, daß ich Ende des Monats nach Deutschland zurückführe.

Die Dame, die auch die Turnstunde besuchte, rief tatsächlich bei mir an. Ihr Mann wäre Ungar gewesen, sagte sie zu mir. Eine ganze Weile unterhielt ich mich mit ihr am Telefon. „Sie fahren nach Deutschland", sagte sie noch. Wenn ich wiederkäme, sollte ich sie anrufen.

So kam ein Treffen zwischen ihr und mir im Oktober leider nicht zustande, obwohl ich mich darum bemüht hatte. Mit Frau Leclerc klappte es auch nicht. Im Februar war sie noch kurz bei mir gewesen.

Ich traf sie noch einmal, als sie gerade mit einem Ehepaar und ihrem Hund von ihrem Appartement aus zu einem Spaziergang aufbrach, gerade als ich von einem kleinen Spaziergang zurückkehrte.

In Cannes wurde im Palais Croisette ein Film über Schottland gezeigt, den ich mir gerne ansehen wollte. Mit dem Bus fuhr ich am frühen Nachmittag nach Cannes, setzte mich dort eine zeitlang auf einen der Stühle der Croisette und begab mich eine halbe Stunde vor Vorstellungsbeginn ins Palais Croisette im Noga Hilton.

Als ich meine Eintrittskarte kaufte, bekam ich einen bestimmten Platz zugeteilt. Gerade als ich ihn einnahm, stellte ich fest, daß Frau Bouvet direkt hinter mir saß. Ich begrüßte sie und sie erzählte mir, daß sie mit zwei anderen Damen im Auto von L. nach Cannes gekommen war.

Eine der Damen sagte zu mir, sie kenne mich. Sie hätte mich schon öfters gesehen. Aber „vous êtes Allemande, vous prenez l'autobus", sagte sie anschließend zu mir, „Sie sind Deutsche, Sie nehmen den Bus." Damit waren meine Chancen, von den Damen mit nach L. zurückgenommen zu werden, gleich null. Frau Bouvet sagte noch, daß sie mich über Frau Leclerc kennengelernt hatte. Sie erwähnte auch, daß Frau Leclerc heute morgen nach Paris abgereist sei. Sie sei mit dem Zug gefahren und hatte ihr Auto in L. zurückgelassen.

Frau Bouvet erzählte mir noch, daß sie aus der Normandie stamme, und dann erwähnte sie ihren verstorbenen Mann. Ich fragte sie noch, wo sie denn wohne. Auch das kam sehr zaghaft heraus, denn ihr Appartement befindet sich quasi schräg gegenüber meiner Wohnanlage. Ihre Freunde machten eine Reise nach Indochina, sagte sie schließlich noch zu mir.

Der Film über Schottland war sehr interessant. Viele schöne Landschaftsaufnahmen und Bilder von Edinburgh wurden gezeigt. Da der Film ziemlich lange dauerte, machte man eine Pause. Ich blieb in dieser Zeit sitzen, während die drei Damen hinter mir aufstanden und hinausgingen. Als die Vorstellung beendet war, ging ich meine eigenen Wege. Die Damen hinter mir waren längst verschwunden.

Ich lief die Croisette entlang und noch ein ganzes Stück weiter als zum Busbahnhof, denn ich wollte versuchen, auf dem Rückweg noch meine Telefonbücher abzuholen. Leider hatte France Telecom schon geschlossen. Es fing an zu regnen, und ich mußte ziemlich lange auf meinen Bus warten. Man müsse winken, sagte eine Dame, jedenfalls hier an dieser Stelle, wo ich sonst nie einstieg. So dauerte es sehr lange, bis ich nach L. zurückkam. Im Auto wäre für mich noch ein Platz frei gewesen.

Es war nicht warm genug, um jeden Tag den herrlichen Swimmingpool zu benutzen. Eines Tages entschloß ich mich dazu, obwohl es relativ kühl war. Ich sprang ins Wasser, und nach mehreren Versuchen konnte ich auch wieder schwimmen. Allzu lange blieb ich aber nicht im Wasser.

Auf meinem Weg zurück in die Wohnung sagte der Hausmeister zu mir, ob es mir im Pool nicht zu kalt wäre. Er hatte Recht gehabt, denn ich merkte, daß ich etwas unterkühlt war. Ich kochte mir sofort einen Tee, so daß sich mein Körper schnell wieder aufwärmte. Es war leichtsinnig von mir gewesen, bei solchen Temperaturen schwimmen zu gehen.

An einem Morgen fuhr ich mit dem Bus nach Cannes, um dort meine Telefonbücher abzuholen. Damit hatte ich gar keine Schwierigkeiten. Man fragte mich nicht einmal nach meinem

Namen. „Nous allons les vous apporter", sagte die junge Dame zu mir, man würde sie mir bringen.

Einen Sonntag verbrachte ich in Cannes, um dort gleich mehrere Fliegen mit einer Klappe zu schlagen. Ich wollte zuerst an der Croisette essen gehen. Gleich am Anfang dieser Promenade konnte man in einem Restaurant draußen sitzen. Auf der Speisekarte entdeckte ich ein Fischgericht, das mir zusagte. So begab ich mich dort hinein; es kam sofort ein Kellner und sagte: „Une seule place", in anderen Worten „Sie sind allein", was in Frankreich übrigens immer passiert, wenn ich allein essen gehe. Ich bekam aber sofort einen Tisch zugewiesen, und ich wurde gut bedient.

Ja, mit der Bedienung klappt es hier meistens besser als in Deutschland. Aber was ist sonst noch besser in Frankreich? Es gibt wenig Hilfsbereitschaft, und was mich betrifft, so stellt man dort genauso viele Forderungen an mich wie hier, wenn nicht noch mehr. So fühle ich mich dort oft genauso überfordert wie hier, denn ich bin ja ein Mensch, der Hilfe braucht. Schon 1981, als ich das Appartement kaufte, stellte ich fest, daß Frankreich auch eine Konsumgesellschaft ist, genauso wie Deutschland. Die monetäre Potenz ist ungeheuer wichtig, vielleicht noch wichtiger als in Deutschland.

Wenn man Deutscher ist, wird natürlich erwartet, daß man über viel mehr Geld verfügt als die Franzosen. Dafür sind wir ja immer noch in der ganzen Welt bekannt, daß bei uns Milch und Honig fließen. Von unseren Problemen weiß man nichts. Man weiß auch recht wenig darüber, was wir im Krieg verloren und durch ihn erlitten haben. Die Deutschen haben auch inzwischen besser leben gelernt. Eine gute internationale Küche gibt es schon lange auch in Deutschland. Bei längeren Gesprächen mit Franzosen werden einem oft die Rivalitäten zwischen Deutschland und Frankreich bewußt.

Reich war ich schon damals nicht, als ich das Appartement kaufte. Aber finanziell stand ich wesentlich besser da als heute. Ich hatte einen kleinen Nebenverdienst von DM 390,00 im Monat, lebte noch mit meinem Ehemann zusammen, der damals noch arbeitete und machte ein Jahr sogar einen Gewinn mit meinen Vermietungen. Seitdem ist mein Einkommen kontinuierlich gesunken, und mit den Vermietungen fahre ich nur noch Verluste ein, insbesondere infolge der sehr hohen Steuern in Frankreich, die in den letzten Jahren auch noch kräftig gestiegen sind.

Nach dem guten Essen, das auch sehr reichlich war, so daß ich es kaum geschafft habe, promenierte ich die Croisette entlang bis zum Carlton. Dort setzte ich mich noch eine Weile auf einen Stuhl, um die Sonne zu genießen. Man hatte an dieser Stelle einen schönen Blick auf den alten erhöhten Stadtteil „Le Suquet". Manch einer kennt mich in Cannes vom Hörensagen. „Elle est seule", sagte eine Dame, die gerade an mir vorbeiging, auch nicht wissend, wie alt ich bin. Wieder erwähnte man, daß ich allein sei.

Einem Informationsheft hatte ich entnommen, daß es an der Croisette eine Picasso-Ausstellung zu sehen gäbe. Bald begab ich mich dorthin. Als ich den Ausstellungsraum in einem Gebäude aus dem vorigen Jahrhundert betrat, fing ein Aufseher laut an zu husten, wohl erstaunt darüber, daß ich mich dafür interessierte. Er forderte mich gleich auf, meinen Schirm, den ich vorsichtshalber mitgenommen hatte, in den Ständer zu tun. Das Genie Picasso fasziniert mich natürlich immer wieder. So genoß ich auch diese Ausstellung sehr.

Den Abschluß des Tages bildete ein Orgelkonzert bei freiem Eintritt in „Notre Dame du Bon Voyage". Das Konzert war nicht besonders gut besucht. Vom Konzertprogramm war ich jedoch sehr angetan. Jedes Stück, das gespielt wurde, wurde extra angesagt. Konservatoriumsschüler bewiesen hier ihr Können. Sehr erfreut und erstaunt war ich darüber, daß dreiviertel des Programms mit Musik von Johann Sebastian Bach bestritten wurde. In der Pause wurde gesammelt. Ich hatte nur ein 10 Francstück. Aber so üppig wie früher, als viele 100 Francs gaben, war das Ergebnis bei den andern diesmal auch nicht.

Einmal war ich in Cannes gewesen, um mich über die dort stattfindenden Veranstaltungen zu informieren. Ich stellte dabei fest, daß es am Anfang der Croisette einen öffentlichen, kostenlosen Badestrand gab. Diese Gelegenheit nahm ich wahr, um mich ein paar Stunden in die Sonne zu legen. „Elle est jeune", sagte jemand mich meinend, nicht wissend, daß ich beinahe 60 Jahre alt bin. Sie hielten mich offensichtlich für sehr jung.

Nach dem Wahlsonntag in Deutschland kaufte ich mir am nächsten Morgen die Zeitung. Das Geschäft im Supermarkt hatte noch nicht geöffnet. Ich mußte deshalb eine Weile warten. Vielleicht hatte man mit einem ganz anderen Ergebnis gerechnet, nämlich mit einem starken Ruck nach rechts. Sicher war man enttäuscht darüber, daß man sich so girrt hatte.

Ich hatte ein großes Bedürfnis nach Erholung, als ich im Oktober in L. ankam. Vor allem wollte ich in der Sonne liegen. Einen Erholungsurlaub hatte ich noch nicht gehabt. Es gab soviel Unangenehmes zu verarbeiten, das mir in den letzten Monaten in Deutschland widerfahren war. Auch war Sonja im August nach Mexiko abgereist. Daran mußte ich mich auch erst gewöhnen.

Am letzten Urlaubstag habe ich in Cannes noch das Majestic erobert. Der Presse hatte ich entnommen, daß dort eine Veranstaltung des Astro-Clubs stattfinden sollte. „L'influence des planètes sur notre comportement", ein Vortrag zum Thema des Einflusses der Planeten auf unser Verhalten. Für ca. sechzig Francs sollte es außerdem noch Tee und Gebäck geben.

Ich war eigentlich weniger an dem Vortrag interessiert, als das Majestic einmal im Inneren kennenzulernen. Es handelt sich hier um eines der großen Nobelhotels in Cannes an der Croisette.

Schon oft war ich an dem großen, von außen recht nüchtern wirkenden langgestreckten Bau vorbeigegangen, der sich am Anfang der Croisette befindet, schräg gegenüber dem Nouveau Palais des Festivals.

Das Carlton, in welchem ich einmal Tee getrunken hatte, ist sehr prunkvoll in seinem Äußeren. Daran gemessen wirkt es im Innern eher bescheiden. Beim Majestic ist es jedoch gerade umgekehrt.

Schon gegen 14.00 Uhr machte ich mich mit dem Bus auf nach Cannes. Als der Bus dort ankam, blieb er wegen eines momentanen Verkehrsinfarkts am Anfang des Yachthafens stecken. Er kam einfach nicht weiter, so daß uns der Busfahrer dort aussteigen ließ.

Zum Majestic war es nicht weit zu laufen, aber es fing gerade an zu regnen, und ich mußte meinen Schirm aufspannen. Nachdem ich am Hotel endlich angekommen war, begab ich mich sofort hinein. Dabei hatte ich Mühe, die richtige Auskunft zu bekommen, in welchem Raum die Veranstaltung stattfände bzw. wo er sich befände.

Vielleicht hat meine Regenhaut gestört, die ich mir über mein schönes Kleid gestülpt hatte, das ich mir extra fürs Majestic angezogen hatte. Schirm und Regenhaut konnte ich an der Garderobe abgeben. Danach mußte ich noch etwas warten.

Sehr angetan war ich von der Hotelhalle des Majestic, die mit etlichen Statuen à la Pompeji geschmückt ist. Insofern hatte sich mein Ausflug schon gelohnt.

Schließlich sagte man zu mir, wie schon so oft: „Allez-y". Ich bezahlte meine sechzig Francs und wurde gleich in den Konferenzraum eingelassen. Am großen Tisch nahm ich Platz und bekam sofort von der Veranstaltungsleiterin einen Satz Unterlagen in die Hand gedrückt.

Dem anschließenden Vortrag konnte ich sehr gut folgen. Ich machte mir Notizen, und nach einer Weile wurde jeder nach seinem Tierkreiszeichen gefragt. Bélier heißt Widder, das wußte ich, und es gab keine Verständigungsschwierigkeiten. Niemand merkte, daß ich Ausländerin war.

Auf dem Majestic-Briefpapier mit Krone notierte ich mir auch die Eigenschaften des Widders und mußte dabei feststellen, daß fast alles auf mich zutrifft: „Beaucoup de force, dynamisme, spontanéité, courage et pas de submission". Viel Körperkraft habe ich zwar nicht; ich kann aber geistig dafür umso mehr leisten; dynamisch bin ich auch. Ich bin gern spontan, habe Mut und unterwerfe mich nicht gern.

In der Pause wurden wir alle in einen anderen Raum geführt, wo wir an einem runden Tisch Platz nehmen konnten. Wiederum bewunderte ich die innere Ausstattung des Majestics mit Wandschmuck in Form ägyptischer Statuen. Der Kellner fragte mich als erste, was ich denn gerne haben möchte. Mit Madame hinten und vorn wurde ich angeredet. Ich entschied mich für eine Schokolade wie die meisten anderen auch. Die Pâtisserie stand schon da und schmeckte ausgezeichnet. Nun sagte die Vortragende etwas zu mir, was ich nicht genau verstand, da sie sehr schnell gesprochen hatte. Ich bat sie daraufhin, dies zu wiederholen, was sie jedoch nicht tat. Sie verstummte plötzlich.

Als wir uns alle wieder zum Vortragsraum zurückbegaben, fragte mich eine ältere Teilnehmerin, welcher Nationalität ich denn sei. Ich unterhielt mich eine Weile mir ihr. Als sie wieder am Tisch saß, blickte sie plötzlich in eine andere Richtung. Sie mußte es wohl erst einmal verkraften, daß ich Deutsche bin.

Die Veranstaltungsleiterin fragte mich, ob es mir nicht zu viel Mühe machen würde, diese Notizen in Französisch niederzuschreiben. Ob ich denn keine Schwierigkeiten mit der Sprache hätte. Ich antwortete, daß ich damit keine Probleme habe. Gegen Ende des Vortrages machte die Rednerin noch die Bemerkung, daß Frankreich von 1939-1945 ein besetztes Land gewesen sei.

Als ich mich verabschiedete, ging die Vortragende mit mir zusammen hinaus, um mich zu fragen, welches meine Staatsangehörigkeit wäre. Ich sagte, daß ich Deutsche sei und erzählte ihr, daß ich ungefähr jedes Jahr zweimal nach Frankreich an die Côte d'Azur käme, da ich Eigentümerin eines kleinen Ferienappartements sei. „Au revoir, Madame", sagte sie schließlich zu mir, und ich machte mich auf in die Rue d'Antibes, um meine Versicherungsprämie zu bezahlen.

„Bonjour, Madame", damit wurde ich gleich im Büro empfangen. Die Versicherung war schon wieder um 100 Francs teurer geworden. Die Rechnung dafür lagerte bei mir in Frankfurt auf der Post. Als ich meine Prämie mit Scheck bezahlt hatte, machte ich mich auf den Heimweg, kehrte aber noch einmal um, denn ich hatte festgestellt, daß die Quittung dafür voller Fehler war.

So ging ich zurück ins Büro und bat eine junge Angestellte, diese ca. dreizehn Fehler zu korrigieren, was sie auch tat. Aber dann machte ich mich wirklich auf den Heimweg. Gegen 19.00 Uhr war ich wieder in L.

Nach dem Abendessen packte ich noch meine Sachen, da ich am nächsten Morgen nach Frankfurt zurückfliegen wollte. Helmut hatte mir vorher noch eine falsche Information durchgegeben. Einer Lufthansa-Zeitung hatte er entnommen, daß man sich für den Rückflug einen Tag vorher listen lassen müsse.

Leider stimmte seine Information nicht, denn als ich bei der Lufthansa deswegen anrief, sagte man mir, daß dies nicht erforderlich sei. Am Samstag sah es schlecht aus, mit dem Flugzeug mitzukommen, denn in Frankreich hatten gerade die Herbstferien begonnen. Wegen meines Gepäcks bestellte ich ein Taxi zum Flughafen. Die Taxifahrerin mußte ich darum bitten, aus meinem Appartement mein Gepäck herunter zu holen. Ich hatte vergessen, sie über mein Alter und meine Behinderung zu informieren.

Sie fahren nach Deutschland, „dans la pluie", in den Regen, sagte sie. Ich erwiderte, daß ich auch in L. Regen gehabt hätte. Wir unterhielten uns unterwegs über die schöne Landschaft der Côte d'Azur. Ich war auch sehr müde vom vielen Packen am Vorabend und Aufräumen am Morgen meiner Abreise. Eigentlich wäre ich gern noch etwas länger geblieben, denn ich war sehr erholungsbedürftig.

Der eigentliche Grund meines frühen Rückflugs war das Singen im Dom in Frankfurt am Samstagnachmittag. Niemand kann ermessen, was es für mich bedeutet, im Chor singen zu dürfen.

„Samedi, c'est la folie", sagte die Taxifahrerin. Aber an diesem Samstag war es besonders schlimm wegen der französischen Schulferien. So viele Menschen hatte ich auf dem Flughafen in Nizza noch nie gesehen. Beim Einchecken konnte ich mein Gepäck gleich abgeben. Sie würden es abfertigen, wenn ich mitkäme, sagten sie zu mir.

Wieder mußte ich lange warten, bis ich meinen Sitzplatz im Flugzeug bekam. Ein Herr hatte aber am Gate einen Platz für mich freigemacht, so daß ich dort so lange warten konnte, bis ich aufgerufen wurde. Plötzlich hieß es, alle Stand-bys seien angenommen worden. So landete ich noch rechtzeitig in Frankfurt, um am Singen teilnehmen zu können.

Es ist noch nie so schwierig gewesen, mein schönes Ferienappartement, ein Studio mit Loggia am Golfplatz in der Nähe von Cannes an der Côte d'Azur zu vermieten.

Zur Wohnanlage gehört ein Swimmingpool, und der Sandstrand ist in einer Viertelstunde zu Fuß und in fünf Minuten im PKW zu erreichen. Hinzu kommen die guten Einkaufsmöglichkeiten in einem sehr nah gelegenen Supermarkt und die guten Busverbindungen nach Cannes.

Im Studio gibt es einen Wohnteil, einen Küchenteil mit Eßecke und Schlafecke. Die Wohnung bietet Übernachtungsmöglichkeiten für maximal sechs Personen und ist mit sämtlichem Küchenzubehör und Geschirr ausgestattet. Dazu gehört ein separates Bad und Zentralheizung. Die Wohnung befindet sich im ersten Stock einer sehr gepflegten Wohnanlage, die über zwei Fahrstühle verfügt.

Die Mieterin, die sie zu Weihnachten 1995 gemietet hatte, hatte ursprünglich vor, sie im März noch einmal zu mieten. Im Februar würde sie mich deswegen anrufen. Dies hatte sie zu mir gesagt, als sie mir endlich den Schlüssel zurückgebracht hatte. Ich hatte hinter dem Schlüssel hinterher telefonieren müssen. Im Februar wüßte sie, wann sie Urlaub bekäme, denn sie ging jetzt halbtags arbeiten.

Vorher hatte sie mich noch telefonisch davon informiert, daß der Wasserhahn tropft und war dann zu dem verabredeten Termin nicht gekommen, um mir den Schlüssel zurückzubringen. Als sie dann endlich kam, fragte sie mich sofort, ob ich inzwischen den Hausmeister angerufen hätte, damit er den Wasserhahn reparieren würde. Sie hatte die Wohnung schon zweimal gemietet, denn es hatte ihnen so gut gefallen. Sie bedankte sich noch einmal dafür mit einer Flasche Wein und etwas Gebäck aus Frankreich. Aber gehört habe ich bisher nichts mehr von ihr. Sie hat mich weder im Februar noch später angerufen.

Im Februar rief mich aber ein anderer Mieter wieder an, der die Wohnung ebenfalls schon zweimal gemietet hatte. Dies passierte an einem Tag, an dem mir viel Negatives widerfahren war. Ich hatte eine Tüte mit Fotoarbeiten und Lebensmitteln verloren. Nirgendwo in der U-Bahn und S-Bahn, mit der ich gefahren war, hatte ich sie wiederfinden können. So war sein Anruf ein Lichtblick für mich gewesen.

Ich sagte zu ihm, er möge mich mit dem unterschriebenen Vertrag und der Anzahlung nicht so lange warten lassen, wie im vorigen Jahr, nachdem er sich entschieden hatte, meine Wohnung in den großen Ferien für zwei Wochen zu mieten. Im vorigen Jahr hatte ich beides reklamieren müssen. So klappte dies wenigstens in diesem Jahr gut. Auch die Restzahlung wurde von ihm pünktlich geleistet.

Daraufhin tat sich monatelang überhaupt nichts. Ich zerbrach mir den Kopf darüber, wie ich wohl die Kosten für die Wohnung aufbringen könne. Ca. DM 500,00 monatlich sind sehr viel für ein Appartement von ca. 40 qm Wohnfläche: Umlagen, Grundsteuer, Wohnsteuer, Aufenthaltssteuer, Versicherung und Strom. Diese Kosten steigen jedes Jahr um ca. 3-4 %.

Auf meine Werbeaktion meldete sich leider nur ein einziger Mieter. Er rief spät abends bei mir an und wollte sich am nächsten Tag noch einmal bei mir melden. Nachdem dies leider nicht erfolgte, rief ich bei ihm an. Es meldete sich seine Frau, die mir sagte, daß sie die Wohnung mieten wollte. Sie nannte mir die Daten und außerdem noch den Zeitraum, in welchem ihre Schwester die

Wohnung mieten wollte. So schickte ich beiden die Mietverträge zu. Ich bekam allerdings nur einen davon unterschrieben zurück.

Der Mieter, der die Wohnung ursprünglich mieten wollte, sagte, er wolle mit noch einer anderen Familie fahren. Ob ich ihm nicht noch eine andere Wohnung nennen könne. Da ich dies verneinte, machte er einen Rückzieher. Auch hätte ich seinen Verwandten einen Tag zuviel berechnet. Dabei hatten diese übersehen, daß ich die Wohnung stets nur für volle Tage vermiete, was ich aber vorher gesagt hatte. Ich erklärte mich damit einverstanden, ihnen mein Studio für einen Tag weniger zu überlassen.

Ende Juni habe ich dann annonciert. Erstaunlicherweise meldeten sich sehr viele Mieter für Juli/August. Dieser Zeitraum war sehr schnell vergeben, nachdem ich die Wohnung an den ersten Anrufer im August vermietet hatte. So mußte ich allen anderen absagen.

Der erste Anrufer mietete die Wohnung, nachdem er sich anhand von Fotos persönlich vom Zustand der Wohnanlage und des Appartements überzeugt hatte. Es wurde vereinbart, daß er DM 460,00 anzahlt. Für den Restbetrag räumte ich ihm eine längere Zahlungsfrist ein als ursprünglich vorgesehen. Dies habe ich nur gemacht, weil er eine hohe Anzahlung leisten wollte. Beim Weggehen sagte er zu mir, daß er Fernfahrer sei, und daß er mich anrufen würde, wenn es mit der Anzahlung nicht klappen würde.

Nach ein paar Tagen rief er wirklich an, um mir mitzuteilen, daß er mir das Geld persönlich vorbeibringen würde, was er auch tat. Die Restzahlung traf jedoch nicht pünktlich ein. Nachdem sie mehr als eine Woche später immer noch nicht auf meinem Konto war, rief ich bei ihm an. Es lief ein Anrufbeantworter. Ich sprach mein Anliegen darauf und wurde bald von ihm zurückgerufen.

Er rief aus Jena an, um mir mitzuteilen, daß die Überweisung wahrscheinlich noch im Computer stecke, daß er dies überprüfen würde und mir das Geld vorbeibringen würde, falls sie nicht ausgeführt worden sein sollte. Er würde sich am nächsten Tag noch einmal melden. Dies tat er auch, um mir mitzuteilen, daß er das Geld vorbeibringen würde.

Am nächsten Tag rief er noch einmal an, um anzufragen, ob er eine halbe Stunde früher kommen könne. Ich willigte ein, denn ich wollte die Angelegenheit so schnell wie möglich hinter mich bringen. Er kam mit seiner Freundin, der ich auch noch einmal die Bilder der Wohnung zeigte. Am 3. August kam er, um den Schlüssel abzuholen.

Ich fragte ihn, ob er meine Telefonbücher mitnehmen könnte, die mir versehentlich nach Frankfurt geschickt worden waren. Dazu war er bereit. Auch fragte er bei mir an, ob ich bereit wäre, die Wohnung an Bekannte von ihm zu vermieten, die einen Hund hätten. Dagegen hatte ich nichts einzuwenden.

Bedenken hatte er aber schon am Anfang an gehabt wegen der Sauberkeit. Er meinte, daß vielleicht gerade die Putzkolonne drin sei, wenn er ankäme. Ich räumte seine Bedenken aus, indem ich ihn darüber informierte, daß der Vormieter für die Reinigung verantwortlich sei. Über ihn hatte sich bisher niemand beschwert.

Bevor ich annonciert hatte, fand ich noch eine Mieterin für die erste Septemberhälfte. Einen Interessenten, der sich bei mir noch einmal melden wollte, hatte ich noch einmal angerufen. Leider habe ich von ihm eine Absage bekommen. Er hatte aber die Information an Bekannte weitergegeben.

Eine Dame rief mich daraufhin an, um die Wohnung nicht im August, sondern im September zu mieten und bedankte sich sogar bei mir, daß dies noch geklappt hat. Die Anzahlung schickte sie mir ziemlich schnell. Um die Rücksendung des Mietvertrags mußte ich sie allerdings noch einmal telefonisch bitten.

So hatte ich nun glücklicherweise vier Mieter gefunden, die mir wenigsten 50 % meiner Kosten bezahlten. Den ersten, einen Perser, mußte ich allerdings dreimal anrufen, bis ich das Geld auf dem Konto hatte. Ursprünglich wollten seine Verwandten das Geld überweisen. So wandte ich mich zunächst an sie. Ich erfuhr jedoch von ihnen, daß die Mieter das Geld selbst überwiesen haben.

Schließlich rief ich bei ihnen an, nachdem ich festgestellt hatte, daß auf dem Vertrag die Telefonnummer falsch angegeben worden war. Sie erzählten mir, daß das Geld zurückgekommen wäre und sie es heute noch einmal überwiesen hätten.

Mit dem Schlüssel mußte es dann aber schnell gehen. Der Verwandte rief deswegen bei mir an. Ich müßte ihn schnell schicken, weil die Mieter vorher noch nach Paris möchten. So machte ich alles schnell fertig und brachte es mittags zur Post. Ich wurde dabei um meine nötige Mittagsruhe gebracht. Wenigstens bedankte man sich für meine Freundlichkeit.

Der zweite Mieter, der sich im Februar bei mir gemeldet hatte, rief mich an, um anzufragen, ob das Geld angekommen sei. Gleichzeitig sagte er zu mir, daß er meine Parkplatznummer vergessen hätte. Letztes Mal hätte ein Belgier die ganze Zeit auf seinem Parkplatz gestanden.

Ich sagte zu ihm, daß er sich auch auf einen anderen Parkplatz stellen könne, wie ich das auch manchmal täte. Er brach allerdings seinen Urlaub frühzeitig ab. Statt vierzehn Tage ist er nur zehn Tage geblieben. Außerdem teilte er mir mit, daß der kleine Rolladen, den ich erst im März hatte reparieren lassen, kaputt sei.

So rief ich den Hausmeister an, um die Rolladen reparieren zu lassen. Seine Frau nahm am Telefon den Auftrag entgegen und versicherte mir, daß die Reparatur rechtzeitig vor Ankunft des nächsten Mieters ausgeführt würde.

Am 10. August klingelte dann früh morgens um 05.00 Uhr bei mir das Telefon. Es meldete sich der Mieter, den ich durch eine Annonce gefunden hatte, bei mir. In den Nudeln liefen die Würmer herum und in der Toilette stünde der Urin. Er möchte sein

Geld zurückhaben, sagte er, außerdem ginge er ins Hotel und würde mir die Rechnung schicken.

Ich erwiderte, daß ich diese nicht bezahlen und ich ihm auch das Geld nicht zurückgeben könnte. Er würde Bilder machen und diese einem Anwalt zeigen. Außerdem nähme er es mir übel, daß ich hinter dem Geld hinterher telefoniert hätte. Auch hätte ich ihm einen Tag zuviel berechnet. Letzteres stimmte nicht. Andernfalls hätte er nicht schon um 05.00 Uhr frühmorgens ankommen dürfen.

Nachmittags um 15.00 Uhr rief er noch einmal an, nachdem ich mich frühmorgens auf nichts eingelassen hatte. Auch war es eine Frechheit gewesen, mich früh um 05.00 Uhr anzurufen. Er würde jetzt mit seiner Bekannten doch in der Wohnung bleiben. Sie hätten geputzt, aber der Parkplatz wäre besetzt. Ich sagte zu ihm, er solle sich auf einen anderen Parkplatz stellen, was ich selbst auch manchmal täte.

Außerdem wollte er noch wissen, wo man Zigaretten kaufen könne, denn im Supermarkt gäbe es keine. Ich sagte ihm, daß ich überzeugte Nichtraucherin sei, daß ich mir das Rauchen auch gar nicht leisten könne und er sich im Supermarkt genauer umsehen solle. Dann hatte ich wirklich eine zeitlang Ruhe vor ihm.

Das nächste Mal rief er mich aus Frankfurt an. Er war schon eine Woche früher aus L. zurückgekommen. Er würde mir den Schlüssel und die Rechnung schicken. Er wäre beim Anwalt gewesen. Wenn wir uns nicht einigen würden, würde er mir den Prozeß machen. Das war am 20. August. Ich sagte zu ihm, daß ich zahlungsunfähig sei und zum Prozeßtermin nicht erscheinen würde.

Seitdem habe ich von ihm nichts mehr gehört. Als ich wieder einmal ein wenig Zeit hatte, tippte ich einen langen Brief, in welchem ich ihm einige Dinge klarmachte. Auch bat ich ihn, mir endlich den Schlüssel zurückzuschicken.

Nachdem dies nicht erfolgte, rief ich bei ihm an. Die junge Frau, die das Telefon bediente, sagte mir, daß er im Moment nicht zu sprechen sei. Ich sagte zu ihr, sie möge ihm bestellen, daß er mir den Schlüssel so schnell wie möglich zurückschickt. Als dies wieder nicht passierte, rief ich ein zweites Mal bei ihm an.

Es meldete sich wieder die junge Frau. Von ihr erfuhr ich, daß er zur Zeit unterwegs sei und erst am Montag zurückkäme. Ich bat sie, ihm nochmals zu bestellen, mir den Schlüssel baldmöglichst zukommen zu lassen. Inzwischen haben wir Weihnachten, und ich habe immer noch nichts von ihm bekommen. Vom Mieter im September bekam ich den Schlüssel auch nicht sofort zurück, obwohl man mir dies zugesagt hatte. Als ich deswegen anrief, mußte ich auf den Anrufbeantworter sprechen. Man rief mich aber bald zurück, schickte mir kurz darauf auch den Schlüssel und informierte mich, daß beide Rolläden nicht funktionierten. Sonst hätten sie einen schönen Urlaub gehabt, wenn sie auch mit geschlossenen Rolläden dagesessen hätten. Die Bettcouch wäre aber nicht die richtige für sie gewesen. Als ich ihr sagte, sie hätten mich anrufen können, um die Rolläden reparieren zu lassen, gab sie mir zu verstehen, daß sie während ihres Aufenthalts niemanden in der Wohnung hätten haben wollen. Sie würden sich in ein paar Jahren mal wieder bei mir melden; dies bekam ich von ihnen noch zu hören.

Hunde und Busfahrer

In L. gibt es viele Hundebesitzer. Ich habe das Gefühl, es werden jedes Jahr mehr. Sie führen ihre Tiere dort spazieren, wo ich mich bei schönem Wetter aufhalte. Die Hunde werden von ihnen entweder an der Leine geführt oder sie laufen frei herum. Meistens sind es kleinere Tiere, wie z.B. Pudel oder Dackel.

Ich habe vor Hunden immer Angst gehabt. Als Kind bin ich zwar am Stadtrand im Grünen aufgewachsen, aber ohne jedes Tier. Meine Mutter konnte mit Tieren auch nichts anfangen und hatte genauso viel Angst vor ihnen wie ich. Sie hatte vorher dreißig Jahre lang in der Großstadt gelebt. Mein Vater hätte sicher damit umgehen können, denn er war auf einem Bauernhof groß geworden. Während des Krieges war er jedoch in Frankreich und nach dem Krieg hatte niemand einen Hund. Alle hatten andere Sorgen und waren froh, wenn sie selbst genug zu essen hatten.

Aber sogar während des Krieges, als es strenger bei uns zuging als heutzutage, gab es frei herumlaufende Hunde. Einmal bin ich auf meinem Rückweg von der Schule vor einem Hund weggelaufen. So viel Angst hatte ich vor ihm. Er verfolgte mich mindestens zehn Minuten lang bis nach Hause, dann machte er kehrt.

Heutzutage gibt es überall viele Hundebesitzer. In L. gibt es besonders viele davon. Leider konnte ich meine Angst davor bis heute nicht abbauen. Hinzu kommt allerdings, daß Hunde überall insbesondere meine Nähe suchen und manchmal recht aggressiv auf mich reagieren. Bei fremden Hunden weiß man nie, wie sie sich im Endeffekt einem gegenüber verhalten.

Während meines diesjährigen Aufenthalts wurde ich leider oft mit diesem Problem konfrontiert. Dabei mußte ich feststellen, daß es keine Rolle spielt, ob der Hund an der Leine geführt wird oder ob er frei herumläuft. Bei fremden Hunden weiß man nie, wie sie sich im Endeffekt einem gegenüber verhalten. Das Verhalten der Hundebesitzer ist nämlich dabei sehr wichtig. Insbesondere jüngere Hundeliebhaber verhalten sich hier sehr gleichgültig.

Eine Dame schimpfte mit ihrem Hund, als er mich an der kleinen Strandpromenade in L. anbellte. Ein älterer Herr nahm seinen Hund auf den Arm, als er merkte, daß ich Angst vor ihm hatte und schlug schließlich eine andere Richtung ein.

So gut wie überhaupt nicht reagierte eine junge Frau, als ich im Yachthafen auf einer Bank saß und mich ihr Hund aus dem Hinterhalt anzufallen versuchte.

Ich rannte schnell weg, als ich dieses merkte. Junge Leute hier im Haus zeigten keinerlei Verständnis dafür, als ich vor ihren beiden frei herumlaufenden Hunden als sechzigjährige Frau Angst hatte. Ganz im Gegenteil: Sie machten auch noch freche Bemerkungen.

Einmal unterhielt ich mich aber mit einer jüngeren Dame an der Strandpromenade von L. über mein Problem. Sie meinte, daß die Hunde deswegen zu mir kämen, weil ich Angst vor ihnen hätte.

Da ich mit Tieren nichts anfangen kann, kann ich mich auch nur sehr schwer in diejenigen hineinversetzen, die sich einen Hund oder eine Katze anschaffen. Ich fühle mich überall dort gestört, wo ich gerne meine Ruhe haben möchte.

Einmal wurde vom Hund gerade die Leine abgemacht, und dieser lief schnurstracks auf mich zu, als ich gerade auf einer Bank an den Bootsanlegeplätzen die Sonne genießen wollte. An diesem Nachmittag war dies der fünfte Hund, der mich belästigt hatte.

Wenn man mich fragen würde, so sind die Hundeviecher etwas, worauf man gut und gerne verzichten kann. Ohne sie wäre das

Leben doch sehr viel angenehmer. Es ist doch leider so, daß den Hundebesitzern ihr Tier mehr wert ist als der Mitmensch.

Ganz anders ist es mit Busfahrern. Auf sie konnte ich in diesem Urlaub hier nicht verzichten, denn ich bin sehr schlecht zu Fuß und hatte diesmal kein Auto zur Verfügung. Dies hatte zur Folge, daß ich auch auf Busse angewiesen war, wenn ich mich innerhalb von L. bewegen wollte. Eines haben sie jedoch mit den Hunden gemeinsam. Man weiß nicht, was sie machen, wenn man sich nicht auskennt.

Man machte es mir jedoch nicht leicht. Einmal forderte ein Busfahrer mich auf, hinten auszusteigen, obwohl vorne nur eine Person einsteigen wollte und dies gleichzeitig möglich war. Nachdem ich dagegen protestiert hatte, weil ich schon ganz vorne stand und gesagt hatte, daß ich sechzig Jahre alt und behindert sei, öffnete man mir vorne die Tür. Der Fahrer machte aber noch die Bemerkung, daß ich die anderen Leute stören würde.

Das Gegenteil erlebte ich in Cannes, als ich in den Bus einsteigen wollte, schon drinnen war und wieder aussteigen mußte, weil jemand anders sich gerade dazu entschloß, auszusteigen. Auch hier wäre ich kein Hindernis gewesen. Die Aussteigende war auch wesentlich jünger als ich. Sie stieg auch vorne aus und niemand hinderte sie daran.

Als ich das nächste Mal in den Bus nach Cannes einstieg, um in L. Centre auszusteigen, hatte ich keine 5,60 F klein. Ich mußte 50,00 F wechseln. Der Fahrer gab mir lauter Ein- und Zwei-Franc-Stücke heraus, obwohl er genügend zehn Franc-Stücke zur Verfügung hatte. Im Bus war ich darüber erst einmal so geschockt, daß ich nicht in der Lage war, das Geld nachzuzählen. Zu Hause stellte ich fest, daß der Fahrer mich um zehn Francs betrogen hatte.

Am Samstagvormittag stieg ich in den Bus, der nur innerhalb von L. verkehrt. Ich hatte gesagt, wo ich hinwollte, nämlich zur Haltestelle „Altes Rathaus". Im Nachbargebäude wollte ich an einer Versammlung teilnehmen, die morgens um 10.00 Uhr beginnen sollte. Der Busfahrer hielt aber ganz woanders. Von dort aus mußte ich mich durchfragen und eine ganze Ecke zurücklaufen. Als ich nicht mehr laufen konnte, blieb ich an einer anderen Bushaltestelle stehen. Dorthin kam mein „Busfahrer" auf seiner Rückfahrt. Er hielt an, als er mich sah und brachte mich schließlich zur von mir gewünschten Haltestelle.

Leider konnte ich nicht herausfinden, ob er auf der Hinfahrt auch dort hätte halten müssen, denn ich war sein einziger Fahrgast. Unterwegs hatte er auch noch auf die Araber geschimpft, die die Frauen vergewaltigen würden. Ich müßte nach Algerien fahren, hatte er noch unterwegs zu mir gesagt. Ich erzählte ihm, daß ich einmal in Tunesien Urlaub gemacht hatte. Als Deutsche habe ich mich nicht zu erkennen gegeben. Er redete viel und ich verstand nicht alles, weil das Geräusch des fahrenden Busses seine Stimme übertönt hatte.

In Cannes bekam ich eine falsche Auskunft, als ich mit dem Stadtbus zur Avenue du Petit Juas fahren wollte. Ein Busfahrer hatte zu mir gesagt, ich müßte die Nr. 5 nehmen, und als ich im Bus Nr. 5 meinen Fahrschein lösen wollte, sagte der Busfahrer zu mir, ich müßte die Nr. 6 nehmen. Ich sagte zu ihm, daß ich gerade die Auskunft bekommen hätte, daß die Nr. 5 dorthin führe. „Wo ist denn das?" fragte er mich daraufhin. Ich hatte wohlweislich meinen Stadtplan eingepackt und konnte ihm zeigen, wo ich hinwollte, denn schon zu Hause hatte ich es mir im Plan herausgesucht.

„Möchten Sie einen Fahrschein?" fragte er dann. Dabei hatte er mir aber zu wenig Wechselgeld herausgegeben. Das habe ich erst später festgestellt. Eine Businsassin machte die Bemerkung „Italienerin". Also hat man mich wieder einmal für etwas gehalten, was ich nicht bin. Auf dem Stadtplan hatte ich selbst mitverfolgt, wo wir entlang fuhren. Als der Bus an einer Stelle angekommen war, die für mich die richtige Haltestelle sein konnte, fragte ich ihn, ob ich hier aussteigen müßte. Er antwortete mit „ja". Allerdings hatte er mir vorher gesagt, daß er mir Bescheid sagen würde, wann ich aussteigen müßte. Dies war nicht erfolgt, weshalb ich sehr froh darüber war, es selbst herausgefunden zu haben.

Eine ältere Dame an der Haltestelle erklärte mir sehr schnell, wie ich zum Veranstaltungslokal hinfinde. Ich fand es mühelos und stellte bei meiner Rückfahrt zum Busbahnhof fest, daß die Nr. 5 und Nr. 35 dorthin fahren. An der Haltestelle hielten mich zwei junge Mädchen für eine Schweizerin.

Wofür hatte man mich nicht schon alles gehalten, nicht nur in Frankreich, sondern auch in Deutschland. Nur für eine Deutsche hat man mich noch nie gehalten: Man hielt mich für eine Türkin, Spanierin, Italienerin, Französin, Jüdin, Schweizerin, Polin, Tschechin, Engländerin, Griechin, Japanerin und Serbin. Natürlich wird man in Frankreich nie gefragt, ob man Deutsche ist. Ob ich Österreicherin wäre, das hat man mich hier auch schon einmal gefragt.

An meinem letzten Tag während meines Spaziergangs und Ausruhens auf Bänken bei strahlendem Sonnenschein waren die Hunde in L. an der Leine oder taten mir nichts. Es begegneten mir zwei Damen, die beide ihren Hund an der Leine hatten. Aber beide unterschieden sich sehr deutlich voneinander. Vielleicht handelte es sich hier um Mutter und Tochter. Die ältere Dame war die kleinere und führte auch einen kleineren Hund an der Hand. Sie war blond, trug ein schwarzes Kostüm und Schuhe mit halbhohen Absätzen. Die größere Dame trug eine gelbe Jacke und eine braune Hose, hatte Schuhe mit flachen Absätzen an und trug außerdem eine Brille. Auch führte sie den größeren Hund an der Leine.

Jacqueline

1956 hat uns Jacqueline in Marktredwitz besucht. Ich weiß gar nicht mehr, wo wir sie untergebracht hatten, denn wir hatten nur eine Dreizimmerwohnung in einem Neubauwohnblock der Bundesbahn, den mein Vater entworfen hatte. Unsere Wohnung befand sich im ersten Stock, und ich mußte das dritte Zimmer mit meinem Bruder teilen. Mir ist allerdings entfallen, ob mein Bruder, der etwa zu dieser Zeit an Tuberkulose erkrankt war, noch zu Hause wohnte.

Meine Mutter, die sich das ganze Leben nur in den Haushalt und alles, was in diesen Bereich gehört, hineingesteigert hat, kümmerte sich um Jacquelines Garderobe, die sie gewaschen und gebügelt hat. Dies hätte Jacqueline wahrhaftig selbst tun können, denn sie war auch zwanzig Jahre alt, genau wie ich. Als ich sie in St. Gilgen kennenlernte, hatte eine Österreicherin von dem faulen Fräulein gesprochen. Aber meine Mutter konnte es nun einmal nicht ertragen, daß jemand ungepflegt herumlief, und Jacqueline war dankbar dafür.

Dabei war meine Mutter die Einzige, die kein Französisch konnte. Mein Vater hatte es im Krieg in Frankreich gelernt und konnte sich genau wie ich gut mit Jacqueline unterhalten. Wie meine Mutter mit ihr zurechtgekommen ist, weiß ich nicht. Sie haben sich wohl irgendwie mit Händen und Füßen unterhalten, denn sie sind einmal zusammen nach Nürnberg einkaufen gefahren.

Ich arbeitete zu dieser Zeit in Marktredwitz bei der Landeszentralbank. Dort hatte mich Jacqueline einmal aufgesucht, und ich mußte ihr klarmachen, daß es wegen eines Fehlers, der gesucht werden mußte, noch eine Weile dauern würde, bis ich nach Hause käme.

Jacqueline eröffnete uns, daß sie zum Film möchte und es dafür erforderlich sei, daß sie Boogie Woogie tanzen könnte. Ob es in Marktredwitz die Möglichkeit gäbe, diesen Tanz zu erlernen, fragte sie uns. Dies war in dieser kleinen Stadt leider nicht möglich. Deswegen fuhr sie öfters zu diesem Zweck nach Hof an der Saale.

Sie ist wohl ca. vierzehn Tage in Marktredwitz geblieben, genauso lange wie ich in Paris. Es dauerte ein paar Tage, bis das Geld ankam, das ihr Vater ihr geschickt hat. Da ich in Paris für meinen Aufenthalt hatte bezahlen müssen, hat Jacqueline bei uns auch nicht umsonst gewohnt. Aber meine Eltern hatten weniger von ihr verlangt, als die Familie Géneau von mir.

Mit Jacqueline besuchte ich in einem Kino ein Konzert der Hoch- und Deutschmeisterkapelle aus Wien. Sie zog ihr Salzburger Dirndl dazu an, das sie überhaupt sehr oft getragen hat. Das Konzert hatte ihr gut gefallen, insbesondere der Radetzkymarsch ganz am Schluß.

Auch einen Gottesdienst in der katholischen Kirche hatte Jacqueline besucht. Diese befindet sich in Marktredwitz in der Nähe des Bahnhofs. An viel mehr kann ich mich aber leider nicht erinnern.

Meine Mutter sagte noch, ich solle Jacqueline meine Wäsche zeigen, die sich in unserem Wohnzimmerbuffet ganz unten befand. Wenn es nach meiner Mutter gegangen wäre, so hätte sie mich lieber heute als morgen verheiratet, und sie hatte mich deswegen dazu animiert, schon einmal anzufangen, meine Aussteuer zu kaufen. Brav wie ich war, tat ich dies in bescheidenem Umfang. Genauso brav zeigte ich Jacqueline meine Wäsche. Diese war darüber sehr erstaunt und konnte dies nicht verstehen.

Als Jacqueline wieder nach Montmorency zurückgekehrt war, schrieben ihre Eltern begeisterte Briefe an meine Mutter. Diese häkelte Handschuhe für Frau Géneau und letztere schickte meiner Mutter eine runde Spitzentischdecke aus der Bretagne, die ich inzwischen geerbt habe. Familie Géneau reiste nach Trier und meine Mutter fuhr von Marktredwitz aus dorthin, um sie zu treffen. Und wieder kamen begeisterte Briefe an meine Mutter nach dieser Begegnung.

Als ich 1957 oberhalb des Genfer Sees in der Nähe von Vevey als Au-pair-Mädchen schuftete, kam eines schönen Nachmittags Familie Géneau aus heiterem Himmel in das große Landhaus. Sie baten darum, in dieser Pension Tee zu trinken, was ihnen Frau Reichard verweigert hat. Madame Reichard, dieser Drache, verheiratet mit einem dreißig Jahre älteren Elsässer, hatte sechs Kinder. Sie konnte mich nicht leiden, weil ich nicht schwer arbeiten konnte und kein Talent für Kinder hatte.

Deshalb blieb ich dort auch nur ein halbes Jahr. An jenem Nachmittag zog Familie Géneau bald wieder von dannen. Jacqueline kam an einem anderen Nachmittag, um mich dort zu besuchen. Anschließend liefen wir nach Vevey, um dort ins Kino zu gehen. Jacqueline überredete mich danach dazu, in der Pension, in der sie untergekommen war, zu übernachten. Eigentlich wollte ich das nicht. Aber schließlich ließ ich mich von ihr breitschlagen, wobei ich mir damals nicht bewußt war, was es bedeutet, erst frühmorgens nach Hause zu kommen.

Frau Reichard hat mir das sehr übel genommen, und ich habe nicht einmal gesagt, daß wir nur im Kino waren. Warum habe ich das eigentlich nicht gesagt?

Ich schrieb mich noch mindestens zehn Jahre lang mit Jacqueline. 1967 kam ein Brief, in dem sie erwähnte, daß sie beabsichtige, mit ihren Eltern Urlaub in San Remo zu machen. Zum gleichen Zeitpunkt hatten Helmut und ich auch vor, unseren Urlaub in San Remo zu verbringen. Familie Géneau hatte dort eine Wohnung gemietet, während wir in einer Pension untergekommen waren, der ehemaligen Villa von Toscanini, in der die damals belgischen Eigentümer deutsches Essen für uns gekocht haben, worüber wir gar nicht glücklich waren.

Kaum waren wir in unserer Pension angekommen, klingelte das Telefon. Jacqueline rief bei uns an und lud uns zum Essen ein. Auch sagte sie noch zu uns, was wir alles mitbringen sollten.

Gerne denken wir an diese französische Essenszeremonie zurück, die in der Wohnung der Familie Géneau stattfand und sich einschließlich Konversation über vier Stunden hinzog. Schließlich wurden wir ein zweites Mal eingeladen und brauchten nichts mitzubringen.

Jacqueline erzählte uns von ihrem Sohn Arnaud. Sie hatte unbedingt ein Kind haben wollen, so schilderte sie es uns. Der Vater war ein Amerikaner sizilianischer Herkunft. Ihr Sohn war damals drei Jahre alt. Ich weiß nicht mehr, ob sie ihn bei sich hatte. Mit Monsieur Géneau besuchten wir schließlich noch die herrlichen Parks von San Remo.

Als wir ein oder zwei Jahre später eine Reise nach England planten, hatte Familie Géneau dort ein Cottage gemietet. Wir hatten einen Tag vereinbart, an dem wir die Familie besuchen sollten.

Irgend etwas ist jedoch schief gelaufen. Als wir dort eintrafen, mußten wir leider feststellen, daß Jacqueline nicht anwesend war. Sie hatte uns am Tag zuvor erwartet. Erinnern kann ich mich nur noch an Madame Géneau und ihr vierjähriges Enkelkind Arnaud.

Ich kann mich auch noch daran erinnern, daß Madame Géneau erwähnte, daß meine Mutter für Jacqueline gebügelt hätte. „Elle a repassé. Elle est venue à Trier à nous voir. J'aime beaucoup votre maman." Ja, der Familie Géneau gegenüber hatte sich meine Mutter von ihrer Schokoladenseite gezeigt. Sie hat es überhaupt verstanden, alle meine Bekannten für sich zu vereinnahmen. Dennoch wundert es mich, daß Bügeln so beeindrucken kann. Ich habe meine Mutter immer langweilig gefunden, weil sie keine meiner Interessen teilte noch tolerierte.

Madame Géneau hatte es mir angemerkt, daß ich in irgendeiner Hinsicht sehr enttäuscht war. So bot sie mir beim Hinausgehen das eine oder andere an. Dann haben wir uns jahrzehntelang aus den Augen verloren. Familie Géneau schrieb nur noch an meine Mutter.

Anfang der neunziger Jahre erhielt ich plötzlich wieder Post von Jacqueline. Helmut hatte es arrangiert, daß sie mir schrieb, als er Post von ihr bei meiner Mutter vorfand. Der Brief kam aus London. Dort lebt Jacqueline jetzt. Sie schrieb mir auch, daß ihr Vater in der Nähe von Guildford ein Haus gekauft hatte und fast neunzig Jahre alt sei, und daß sie in Frankreich alles aufgegeben hätten. Sie lud mich ein, sie doch einmal in London zu besuchen.

Es vergingen drei, vier Jahre, bis ich mich zu diesem Besuch entschloß. 1997 sah ich Jacqueline nach ca. dreißig Jahren in London in einer Porzellanboutique wieder. Diese gehörte einer Deutschen, die mit einem Engländer verheiratet war, und die Meißner Porzellan zum Verkauf anbot.

Es war schwierig für mich gewesen, diese Boutique zu finden, obwohl Jacqueline mir dies alles ausführlich beschrieben hatte. Als ich nach einer Busfahrt von ca. einer Stunde von ihrer Wohnung aus am Pembridge Square, in der mich ihre japanische Untermieterin empfangen hatte, quer durch London, vorbei an der Hyde Park Corner und durch die Oxford Street an der entsprechenden Bushaltestelle ausstieg, lief ich erst in die verkehrte Richtung. „The Mall is over there", erklärte man mir schließlich.

Als Jacqueline ihren Dienst in der Boutique beendet hatte, fuhren wir mit dem Bus nach Waterloo-Station, um von dort aus zusammen mit ihrem Sohn, der in London als Rechtsanwalt arbeitet, nach Shalford zu fahren, wo ihre Eltern das Haus gekauft haben. In diesem Haus lebt jetzt auch ihre Tante, die ihr Haus in Montmorency verkauft hat.

Der 93-jährige Monsieur Géneau unterhielt sich z.T. mit mir auf Deutsch. Er machte einen Buckel, ging aber am nächsten Tag noch außer Haus, um eine Zeitung zu kaufen. Aber in seinem Zimmer lag ein Stoß nicht geöffneter Briefe. Ein Engländer, der sich um den Garten kümmerte, war ebenfalls zu Gast. So sprach ich abwechselnd Englisch und Französisch, damit mich sowohl die Tante als auch der Engländer verstehen konnten.

Aber das war anstrengend für mich, und am nächsten Tag fühlte ich mich halb krank. Mit Jacqueline ging ich am nächsten Morgen noch zur Kirche und zur Mühle in Shalford. Es war draußen sehr kalt. Danach mußte ich mich aufs Sofa legen. Jacqueline brachte mir ein deutsches Buch, das von ihrem deutschen Verwandten handelte, einem Musiker, der in Trier gelebt hat.

Ich fühlte mich sehr krank, mußte aber am gleichen Tag noch nach London zurückfahren, mit dem Taxi nach Guildford und von dort aus mit dem Zug. Mit einem Taxi fuhr ich anschließend durch weite Teile Londons, bis ich zur U-Bahn gelangte. Ich konnte den Proviant, den mir Jacqueline mitgegeben hatte (z.B. ein halbes Huhn) nicht mehr tragen. Alles was ich in der Hand hielt, war mir zuviel. Auch hatte ich Mühe, ihre Wohnung in London zu finden. Das war sehr schlimm, denn ich fühlte mich krank und konnte kaum noch laufen.

Als ich am nächsten Tag dann glücklich wieder in Frankfurt gelandet war, wobei mein Gepäck als Stand-by-Fliegerin nicht gleich angenommen worden war und ich es wieder auf einen Wagen laden mußte, was ich auch kaum schaffte, mußte ich mich, als ich wieder zu Hause war, mit einer Kehlkopfentzündung ins Bett legen. Zwei Monate nach meinem Besuch ist Monsieur Géneau verstorben. Madame Géneau ist schon über zehn Jahre tot.

Seitdem höre ich von Jacqueline nur noch sehr wenig. Sie hat nie geheiratet, geht einer leichten Tätigkeit im Verkauf nach und erfreut sich im Gegensatz zu mir einer guten Gesundheit. Aber sie hat mir in diesem Jahr wieder eine Weihnachtskarte geschickt.

Dornröschen, wache wieder auf!

Noch nie hatte ich an der Côte d'Azur so viel schlechtes Wetter gehabt. Am Sonntag schien jedoch meistens die Sonne. So habe ich lange gezögert, bis ich mir eine Eintrittskarte für die Aufführung von Dornröschen mit dem Bolschoi-Ballett in Cannes besorgte. Auch waren die Eintrittspreise höher als für andere Aufführungen. Da das Wetter aber unter der Woche weiterhin schlecht blieb, konnte ich nicht darauf bauen, daß an allen Sonntagen die Sonne scheinen würde. Sonst hätte man am Sonntag ja auch etwas anderes unternehmen können.

Als ich endlich den Entschluß gefaßt hatte, die Karte zu besorgen, war die Kasse, die ab 12.00 Uhr geöffnet sein sollte, leider um 12.30 Uhr immer noch geschlossen. Eine ältere Dame saß auf einem Stuhl davor und sagte zu mir, daß sie schon eine ganze Stunde lang warten würde.

Fünf Minuten später wurde die Kasse aber tatsächlich geöffnet. Dabei war ich die ganze Zeit der Meinung gewesen, mir eine Karte für „Schneewittchen" zu besorgen. Bei „la belle au bois dormante" hatte ich immer an „die Schönste im ganzen Land", wie sie in Schneewittchen vorkommt, gedacht.

Ich fragte nach einem Platz der zweiten Kategorie. Davon waren auf dem Balkon noch genügend vorhanden. Als ich den Preis nannte, sagte die Kartenverkäuferin zu mir, es kämen noch zehn Francs Vorverkaufsgebühr dazu. Dabei lief sie immer wieder weg, und es dauerte eine ganze Weile, bis ich endlich meine rosa Eintrittskarte in der Hand hatte. Ich hatte einen Platz mit Rückenfreiheit gewählt neben den noch nicht vergebenen Plätzen.

Gerade als ich meine Karte bezahlt hatte, stellte ich fest, daß die Vorstellung im Noga Hilton stattfindet und nicht im Palais des Festivals. Dies war auch im Canner Veranstaltungskalender richtig angegeben, wie ich mich gerade davon überzeugen konnte. Nur weil es sich um das Bolschoi-Ballett handelte und die Preise wesentlich höher waren als für andere Aufführungen, war ich ständig der Meinung gewesen, ich würde die Aufführungen im Festival-Palais sehen können.

Die Vorstellung sollte am Sonntag um 15.30 Uhr beginnen. Um ja nicht zu spät zu kommen, entschloß ich mich, zur „Schneewittchen"-Aufführung den früheren Bus zu nehmen. Da das Wetter auch an diesem Sonntag sehr schön war, konnte ich mich ja in der mir noch verbleibenden Zeit an der Croisette aufhalten.

Ich war ganz allein an der Bushaltestelle. Darüber wunderte ich mich sehr. Plötzlich hielt ganz in meiner Nähe ein Bus, wo er sonst nie hält. Der Fahrer stieg mit einem Ehepaar aus und ging mit den beiden in eine nahe Wohnanlage. Von dort kamen sie auch nach zwanzig Minuten nicht wieder zurück. Ich überlegte mir, ob wohl der Bus kaputt sei.

Nachdem eine halbe Stunde lang kein Bus gekommen war, wollte ich nicht länger warten und machte Anstalten, per Autostop von dort wegzukommen. Vorher hatte ich noch eine Frau gefragt, wie spät es sei. Ihre Uhr zeigte aber die gleiche Zeit an wie meine, so daß meine wohl richtig gehen mußte.

Mein Winken hatte leider keinen Erfolg. Kein einziges Auto hielt an. So entschloß ich mich, mich an noch nicht fahrende Autofahrer zu wenden. Ich ging auf einen vollen Wagen zu – beladen mit vier Personen und einem kleinen Kind, was ich vorher nicht gewußt hatte – und schilderte dem jungen Fahrer meine Situation. „Möchten Sie nach Théoule?" sagte er zu mir. „Nein, nach Cannes" war meine Antwort. Ich sagte es bereits zum zweiten Mal. „Ja, wir können Sie dort absetzen", sagte er schließlich.

Ich sagte, daß dies von ihm sehr freundlich wäre, stieg ein und setzte mich auf den Rücksitz neben die junge Frau, die ihr Kind auf dem Schoß hatte.

Der Fahrer schlug zunächst eine andere Richtung ein, nämlich die Richtung Théoule. Ich sagte zu ihm, daß er nach Cannes doch rechts einbiegen müsse. „Wir fahren am Meeresufer entlang", bekam ich zur Antwort. In N. machte er schließlich kehrt, und ich genoß die schöne Fahrt am Meer entlang, solange bis wir kurz vor Cannes in einen Stau gerieten bzw. in eine Zähflüssigkeit.

Wir mußten immer wieder anhalten. Dabei lief das Autoradio mit schräger Musik. Unter normalen Umständen hätte ich mich darüber beschwert. Da ich ja so dankbar war, mitfahren zu dürfen, ertrug ich es zähneknirschend. Endlich in Cannes angekommen, hielt das Auto am Rande des Bouleplatzes. Der Fahrer sagte, ich sollte noch einen Moment warten. „So, jetzt dürfen Sie aussteigen", sagte er zu mir. Ich bedankte mich ganz herzlich und überlegte mir dabei, ob der Fahrer wirklich selbst auch nach Cannes wollte oder ob er nur mir zuliebe einen Umweg gefahren war. „Allez-y", sagte er schließlich noch zu mir.

Die Autofahrt war für mich natürlich angenehmer gewesen als die Busfahrt. Wir fuhren am Meer entlang, und ich brauchte mich nicht über manchmal unangenehme Leute im Bus ärgern. Unterhalten habe ich mich mit den Leuten aber nicht. Sicher haben sie auch ganz andere Interessen als ich.

In Cannes war so richtiges Croisette-Wetter. Auch war ich erstaunlich gut zu Fuß an jenem Sonntag, was nur ganz selten vorkommt. Ich hatte ja noch genügend Zeit, denn es war erst 14.00 Uhr auf meiner Uhr. Nur wunderte ich mich sehr, daß um diese Zeit schon so viele Menschen auf der Croisette unterwegs waren.

Ich lief ein Stück die Strandpromenade entlang, setzte mich auf einen Stuhl, hielt es aber dort nicht lange aus. Ich lief weiter, setzte mich wieder auf einen Stuhl, auf dem ich es ebenfalls nicht lange aushielt. Ich lief weiter bis zum Martinez, das sich noch eine ganze Ecke hinter dem Carlton befindet und blieb schließlich vor einem Gebäude stehen, das mich stutzig machte.

„Ach, das ist doch das gelbweiße Appartementhaus", mein allererster Eindruck von Cannes an der Stelle, an der wir, Helmut und ich, damals 1967 auf unserem Busausflug von San Remo aus nach Monaco, Nizza und Cannes in die Croisette einbogen und diese entlang fuhren, ohne dort auszusteigen. Die Überreste einer Straße kann man jetzt noch erkennen. Dort einbiegen kann man aber nicht mehr. Dies war damals meine erste Begegnung mit der Côte d'Azur gewesen.

Plötzlich merkte ich, daß es inzwischen 15.00 Uhr geworden war. Ich mußte mich ranhalten beim Zurücklaufen die Croisette entlang bis zum Noga Hilton, wenn ich zehn Minuten vor Aufführungsbeginn dort sein wollte. Als ich dort angekommen war, fuhr ich mit der Rolltreppe zum Theater hinunter. „Wo ist der Zugang zum Balkon?" fragte ich. „Hier links", bekam ich zur Antwort und alle liefen weg.

Ich hatte mich schon darüber gewundert, daß ich nirgendwo andere Theaterbesucher gesehen hatte. Ich lief die Treppe hinauf, machte kehrt, gelangte ganz woanders hin und fuhr schließlich wieder nach unten zum Theatersaal. Jetzt blieben die Platzanweiser da. Man wollte meine Eintrittskarte sehen, und eine Dame begleitete mich zum Balkon.

Im Dunkeln wies man mir einen Platz mit Rückenfreiheit an, der eine andere Nummer hatte als auf meiner Eintrittskarte. Ich bekam einen Schreck, als ich merkte, daß die Vorstellung bereits voll im Gange war. „Ach, das hat ja schon angefangen", sagte ich, „es ist doch erst 15.20 Uhr." „Nein, es ist 16.20 Uhr", bekam ich zur Antwort. Heute Nacht ist die Uhr eine Stunde vorgestellt worden. Das hatte ich nicht mitbekommen, da ich mir nicht jeden

Tag eine Zeitung gekauft hatte. Im Radio hatte ich davon auch nichts gehört.

Nun konnte ich die Aufführung von „Schneewittchen" genießen, bis ich endlich merkte, daß es sich hier doch eigentlich, so wie die Handlung ablief, nicht um Schneewittchen handeln könne. Plötzlich wurde mir bewußt, daß Dornröschen aufgeführt wird.

Nach einer Stunde war Pause. Man konnte Programme erstehen, die sehr teuer waren, weshalb ich darauf verzichtete. „Il faut aller à Marseille" sagte darauf ein Herr in meiner Reihe, als ich wegen des hohen Preises kein Programm kaufte.

Nach der Pause wurde in der Ballettaufführung in prächtigen Kostümen Dornröschen wieder erweckt. Ich hatte noch viel Freude an den künstlerischen Darbietungen. In Frankfurt bin ich nämlich schon lange nicht mehr im Ballett gewesen. Für die Rückfahrt nach L. konnte ich wieder den Bus benutzen.

Hätte ich bei meiner Ankunft in Cannes gewußt, wie spät es ist, wäre ich nicht zu der Stelle gekommen, an der „wir" 1967 in die Croisette eingebogen sind. Die Menschen vor dem Beginn der Vorstellung sind mir erspart geblieben. Ich wollte die Aufführung genießen. Auf die Unruhe, die manch einer verursacht, indem er mich kurz vor der Vorstellung von meinem gemütlichen Sitz hochjagt, weil er unbedingt an mir vorbei muß, kann ich verzichten, insbesondere mit meiner Behinderung.

Ein Programm hätte ich mir vorher sowieso nicht gekauft, weil es zu teuer war. Außerdem ist mir der erste Teil von Dornröschen erspart geblieben, nämlich als sie sich sticht und in einen hundertjährigen Schlaf verfällt. So hatten alle Unpäßlichkeiten mir eigentlich genau das ermöglicht, was ich wollte.

Impressionen in Cannes
Ostern 1997

Nachdem ich vierzehn Tage lang an der Côte d'Azur ordentlich Sonne getankt hatte, meldete sich bei mir plötzlich wieder der Geist an. Er hatte das Bedürfnis nach Nahrung, und durch Lesen allein konnte dieses Bedürfnis nicht befriedigt werden.

So blätterte ich im Canner Veranstaltungskalender, den ich beim zweiten Anlauf endlich bekommen hatte. In einem der großen Hotels sollte am Freitagnachmittag um 15.00 Uhr ein Vortrag über das Louvre stattfinden. Ich machte mich dafür mit dem Bus rechtzeitig auf den Weg nach Cannes, da ich dort vorher noch einiges andere zu erledigen hatte.

Auf dem Weg zum Veranstaltungsort mußte ich am Bouleplatz vorbei, an der Schiffanlegestelle, am Yachthafen und dem Palais des Festivals. Plötzlich ertönte ganz laut die Musik zu „Lippen schweigen, s'flüstern Geigen, habt Euch lieb". Die Musik kam vom bunten Kinderkarussell, bei dem ich schon so oft verweilt hatte. Plastikstühle laden dazu ein, sich dort ein wenig aufzuhalten.

Jedesmal gerate ich in Verzückung, wenn ich dort Wiener Musik zu hören bekomme, aber auch wenn dort andere Musik erklingt, lege ich auf meinem Weg entlang der Croisette meistens eine Pause ein, es sei denn, es handelt sich um Musik, die mir gar nicht gefällt. Die Musik von Lehar fasziniert mich dabei beinahe noch mehr als die von Johann Strauß.

Lehar hat opernhafte Operetten komponiert und der Musik so wunderschöne Texte unterlegt. „Wenn die Blumen im Lenze erblüh'n" ging es weiter und „kommt, oh, kommt ihr Ballsirenen, bei den süßen Walzertönen ..." Leider bekam ich die Texte nur

bruchstückhaft zusammen, wohingegen mir die Musik des Ball-
sirenenwalzers aus der „Lustigen Witwe" vollständig bekannt war,
so daß sie mich zum Mitsingen einlud.

Dabei macht es mir immer wieder so viel Freude, dieses bunt
angemalte Kinderkarussell zu betrachten, eine Oase inmitten der
Hektik an der Croisette, ein Stück Romantik, so etwas wie eine
gemütliche Ecke zwischen dem Hotel Majestic und dem Strand.

Außer dem Kinderkarussell gibt es dort noch eine Art Brunnen,
d.h. ein Wasserbecken, in dem man kleine Motorboote fahren
lassen kann, die zum Mieten angeboten werden. Kinder können
dort außerdem Luftballons in allen möglichen Tierformen und
Farben erwerben. In einem kleinen Restaurant kann man draußen
sitzen und an einem Kiosk Eis kaufen.

Wenn ich das Kinderkarussell betrachte, so imponieren mir
dabei immer wieder die bunt bemalten Pferde. Der obere Teil ist
mit Ansichten aus Cannes dekoriert. Der mittlere, um den sich das
Karussell dreht, erweckt Ähnlichkeiten mit ägyptischer Kunst.

Nachdem Lehar verklungen war, lief ich weiter. Dabei mußte
ich immer wieder aufpassen, nicht von rollschuhfahrenden
Kindern und Jugendlichen gerammt zu werden. Ich nahm auf
einem Stuhl Platz, hielt es dort aber nicht lange aus. Kurz darauf
begab ich mich sofort zum Vortragssaal.

Ich nahm dort einen Platz ein, von dem mich mit meiner
Behinderung niemand hochscheuchen konnte, weil er unbedingt
vorbei mußte. Leider mußte ich aber feststellen, daß ich auch dort
nicht vor Menschen sicher war, die etwas wollten, auch wenn sie
es nicht direkt zum Ausdruck brachten.

So konnte ich diesen Nachmittag nicht so richtig genießen,
denn ein alter behinderter Mann setzte sich vor mich und drehte
sich dauernd nach mir um. Als ich bei einem Bild den Namen
Raffael aussprach, verschwand er dann gottlob. So geht es mir
überall, die ich ständig selbst auf die Hilfe anderer angewiesen bin.

Kann ich überhaupt noch irgendwo hingehen, wo ich in Ruhe gelassen werde? Auch Schmuck und ein großer Hut wirken nicht abschreckend.

Der Vortrag über das Louvre, der zwei Stunden dauerte, faszinierte mich sehr. Ich mußte dabei an die kunstgeschichtlichen Vorlesungen denken, die ich an der Frankfurter Universität gehört habe und an das Seminar über die „königlichen Schloßbauten in Frankreich unter Francois 1er". Dabei fiel mir mein Referat über St. Germain-en-Laye ein ebenso wie das Referat eines Studenten über das Louvre. Gerade ich hatte mich an diesem Seminar auch besonders mündlich beteiligt, als Gasthörer mehr als die eingeschriebenen Studenten.

Als ich mich geistig angereichert nach dem Vortrag wieder nach draußen begab, kam ich mir vor, inmitten der Luxushotels in eine ganz andere Welt versetzt worden zu sein. Daran hatte ich drinnen überhaupt nicht gedacht, denn der moderne Vortragssaal hätte überall sein können.

Aber was soll ich sonst tun? Auch bei diesem Urlaub merke ich, daß ich das Laufen möglichst meiden muß. Meine Bandscheiben an der Lendenwirbelsäule sind verbraucht, und ich habe Angst, eines Tages im Rollstuhl zu landen.

Nach diesem kunstgeschichtlichen Genuß war aber eine unglaubliche Ruhe bei mir eingekehrt, so daß ich langsam an den Luxushotels und Appartements vorbeilief, ohne jegliche Anspannung. Im Carlton hatte ich mir einmal einen Tee mit Pâtisserie geleistet, im Majestic hatte ich einen Vortrag gehört und im Noga Hilton das Ballett „Dornröschen" gesehen.

Als ich wieder einmal am Kinderkarussell angelangt war, ertönte Musik von Johann Strauß. Wieder nahm ich auf den Stühlen Platz und verweilte dort noch bis zum nächsten Musikstück. In dieser Oase erblickte ich durch die Palmen hindurch einen riesigen Baukran. Auch die Betonsäulen der vor diesem riesigen Hotel errichteten neuen Luxusboutiquen konnte ich gut sehen.

Cannes ist eigentlich eine Mischung aus allem. Nur hier scheint es niemandem schlecht zu gehen. Man sieht keine Bettler und keine Obdachlosen. Jetzt in den Osterferien quillt es über von Touristen. Man hört viele deutsche Laute.

Als ich mich in Richtung Busbahnhof begab, kam ich am „Bunker" vorbei, dem Nouveau Palais des Festivals. So wird dieser moderne Neubau aus dem Jahre 1981 im Volksmund genannt. Viele Wege waren durch provisorische Bauten versperrt, die man für einen Kongreß erstellt hatte.

Am Ostersonntag hatte ich dort die Ostermesse im Grande Auditorium besucht. Man hatte sie wohl dorthin verlegt, da die Kirche Notre Dame du bon Voyage aus dem 19. Jahrhundert zu klein gewesen wäre, um die vielen Touristen daran teilhaben lassen zu können.

Hinter dem Bouleplatz befindet sich die Mairie, das Rathaus, das im Stil des Historismus Ende des 19. Jahrhunderts erbaut wurde. Von dort aus hat man einen schönen Blick auf den alten Stadtteil hoch oben, auf Le Suquet, das ehemalige Fischerdorf. Gegenüber der Mairie befindet sich das Kriegerdenkmal.

Immer wenn ich daran vorbeigehe, kommen mir dort die gleichen Gedanken. Oben steht eingemeißelt u.a. das Wort Somme. Mein Großvater mütterlicherseits ist 1916 an der Somme gefallen. Erwähnt sind an diesem Denkmal die beiden Weltkriege, 1914-1918 und 1939-1945, genauso wie wir das auf deutschen Kriegerdenkmälern auch sehen können.

Darüber hinaus sind aber noch die Gefallenen im Indochinakrieg oder in Nordafrika und Übersee genannt. Daran waren die Deutschen nicht beteiligt, denn man hat uns bereits 1918 unsere Kolonien weggenommen. Und wenn ich das Jahr 1945 lese, muß ich immer daran denken, daß wir Glück gehabt haben, 1945 überhaupt überlebt zu haben. Neben der Mairie fahren die Busse nach L. ab. Ich begab mich anschließend dorthin.

Ferien an der Côte d'Azur Frühjahr 1997

Vor einer Woche habe ich endlich den langersehnten Urlaub an-
getreten, nachdem ich im Herbst und im Winter schon wieder
krank war. Auch ist meine Bronchitis immer noch nicht hundert-
prozentig ausgeheilt. Ich muß Kräfte sammeln für den endgültigen
Scheidungstermin im Mai und mich von all dem Negativen, das
ich im letzten halben Jahr von Menschen erfahren habe, erholen.
Hoffentlich gelingt es mir!

Wenigstens ist, seit ich hier bin, das Wetter schön. Ich habe das
Auto zur Verfügung, weil meine Tochter mich hierher gefahren
hat. Dies bedeutet, daß ich nicht so viel herumlaufen muß. Auch
ermöglicht es mir, die landschaftlichen Schönheiten der Côte
d'Azur so richtig zu genießen. Ich habe hier kein Fernsehen und
erfahre nichts von den ständigen wirtschaftlichen Schwierigkeiten
in Deutschland bzw. von der Gefährdung und dem ständigen Ab-
bau von Arbeitsplätzen. Vorher habe ich Helmut noch ca.
DM 1.000,00 abgehandelt, damit ich in diesem Urlaub nicht dar-
ben muß. So kann ich mir auch einmal eine Ausflugfahrt leisten
und ab und zu essen gehen. Dazu mußte ich ihm meine katastro-
phale Finanzlage auseinandersetzen. Ich hatte ihm meine leeren
Konten gezeigt. Einige Briefe habe ich an ihn geschrieben und ihn
auf meinen schlechten Gesundheitszustand hingewiesen.

Ich verbringe meinen Urlaub in meinem Ferienappartement, da
ich mir keinen Urlaub im Hotel leisten kann. Schon seit Mitte
Oktober vorigen Jahres versuche ich die Wohnung zu verkaufen,
da mir die Kosten dafür über den Kopf gewachsen sind und das
Vermieten immer schwieriger wird. Ich hoffe sehr, daß es mit dem

Verkauf bald klappen wird, denn ich weiß noch nicht, wie ich in diesem Jahr die Kosten dafür aufbringen soll.

Am Freitagvormittag fuhr ich mit dem Auto die herrliche rote Felsküste entlang. Als ich mein Auto geparkt hatte, begab ich mich mit einem Klappstuhl bewaffnet zu einer schönen Stelle inmitten der Felsen weit unterhalb der Straße. Wenn du dir jetzt den Fuß brichst oder ungeschickt stürzt, so kann dir hier keiner helfen. Das dachte ich beim Herunterklettern, da die Badetasche mit Lesestoff und der Klappstuhl gleichzeitig mit nach unten befördert werden mußten.

Dieser Tatsache bewußt ging ich sehr behutsam vor und kam gut an der ebenen Stelle an, wo ich den Klappstuhl aufstellen konnte und einen herrlichen Blick auf die bizarren, roten Felsen und das tiefblaue Meer hatte. Nachdem ich mich dort installiert hatte, war ich eigentlich wieder recht froh, endlich allein sein zu können. Was war am Tag zuvor in menschlicher Hinsicht nicht alles schief gelaufen. Die junge Kassiererin im Supermarkt riß mir eine lumpige Plastiktüte regelrecht aus den Händen, nachdem ich meine Baguette in eine solche Tüte gepackt hatte und eine zweite Tüte daran kleben geblieben war. Ob sie sich wohl darüber geärgert hat, daß ich an diesem Tag nur F 2,60 ausgegeben habe? Nun, diese Baguette war so schön dünn, wie ich sie gerne habe.

Am Strand von L. flog plötzlich ein Drachen auf mich. Ich hatte die Kinder beim Drachensteigen beobachtet. Warum ließen sie ihn ausgerechnet über mir niedergehen? Rundherum war überall Platz frei gewesen, denn es hielten sich nur wenige Leute am Strand auf. Haben sie auf mich gezielt, da sie mich für eine Türkin gehalten haben? Ich erschrak so sehr darüber, daß ich auf Deutsch sagte: „Das ist aber eine Frechheit!" „Verzeihung", sagte das kleine Mädchen auf Deutsch zu mir, die sicher erstaunt darüber war, daß ich Deutsch sprach.

In Cannes bin ich auf der Croisette von jungen Leuten beinahe über den Haufen gerannt worden. Ein Papagallo ergriff rasch die Flucht, nachdem er gemerkt hatte, daß er, als ich an der Croisette auf einem Stuhl saß, bei mir nicht landen konnte. In der Allée de la Liberté machte sich ein anderer Papagallo an mich heran. Ich ergriff rasch die Flucht und war froh, als ich im Bus saß, der mich nach L. zurückbrachte. Warum hat man eigentlich so wenig Ehrfurcht vor meinem Leben?

Hier an der Felsküste hoffte ich nun wirklich ein paar Stunden ungestört verbringen zu können. Den Blick auf das tiefblaue Meer habe ich sehr genossen. Die Sonne erzeugte auf dem Wasser ein paar Dutzend funkelnde Sterne und zwar jeweils an der Stelle, an der sie gerade stand. Im Wasser war nur ein Fischerboot zu sehen. Dieses verschwand wieder, nachdem es die ganze Bucht abgesucht hatte. An mir flogen Schmetterlinge vorbei.

Plötzlich hörte ich tierische Laute. Ich hatte Angst, daß sie mir Unheil bringen könnten und drehte mich deswegen um. Auf einer Straßenbeleuchtung saß eine Möwe. Wahrscheinlich kamen die Laute von ihr, denn diese verstummte, als ich mich umdrehte. Nach einer Weile fing sie jedoch wieder damit an. Es hörte sich so an, als wollte sie mich auslachen.

Ich drehte mich wieder um und machte mir Gedanken darüber, ob mir die Möwe nicht u.U. zum Verhängnis werden könnte. Was würde passieren, wenn sie sich auf meinen Kopf setzen würde und dabei das Buch, das Frau Winkelmann mir geliehen hat, ins Meer fallen würde. Erstens würde ich einen furchtbaren Schreck bekommen, zweitens würde ich mich darüber ärgern, wieder in der ersehnten Ruhe gestört worden zu sein; drittens wird Frau Winkelmann vielleicht etwas zu mir sagen, worüber ich mich ärgern würde, und viertens müßte ich ihr das Buch ersetzen, wodurch mir wieder Zeit verloren gehen würde und Kosten entstehen würden.

Ich bin ja so froh, daß Frau Winkelmann mich hier nicht anrufen kann. Nun, ich hatte Glück. Es passierte nichts.

Die Möwe verschwand, eine andere konnte ich bei ihrem Flug beobachten. Diese beschrieb dabei große Kreise. Später kehrte die erste Möwe auf die Straßenlaterne zurück und meldete sich wieder. Hinter mir hörte ich dezente französische Laute von der Straße und später ziemlich laute italienische Worte.

Ein Angler tauchte auf einer Felsspitze auf. Zum Glück verharrte er dort, wo er sich ursprünglich hingestellt hatte. Zu mir hinüber zu kommen, wäre für ihn zu mühsam und zu weit gewesen. Hätte er diese Möglichkeit gehabt, so hätte ich mir überlegen müssen, wie ich ihn abwimmle, falls er mit mir angebändelt hätte.

So ist es mir tatsächlich gelungen, zweieinhalbe Stunden ganz allein an der Stelle inmitten der Felsen mit Blick auf das sich ständig bewegende Wasser zu verbringen.

Ich stieg genauso vorsichtig mit meinen beiden Gepäckstücken wieder zur Straße hinauf wie ich hinunter geklettert war. Aber ich bewegte mich nie mit der Tasche und dem Stuhl gleichzeitig. Entweder stieg ich hinauf, oder ich schob den Stuhl nach oben oder stellte die Tasche weiter oben hin.

Glücklich an meinem Auto angelangt, das ich vorsorglich so geparkt hatte, daß ich wieder mühelos rausfahren konnte, genoß ich anschließend noch einmal die Fahrt entlang der traumhaft schönen Küstenstraße.

Wiedersehen mit Paris 1997

Endlich gelang es mir, meinen Bruder, der seit 1967 in Paris lebt, wieder einmal dort zu besuchen. Nachdem er ein Semester in Tübingen und ein Semester in Berlin studiert hatte, hatte er ein Stipendium für ein Semester in Paris erhalten. Letzteres führte dazu, daß er seit diesem Zeitpunkt dort lebt. Inzwischen war ich seit 1955 mindestens zweimal in Paris gewesen, einmal allein und einmal mit Helmut.

Ende der sechziger Jahre fuhr ich mit einem Oratorienchor in die französische Hauptstadt, um dort in La Madeleine an einer Aufführung der Lukaspassion teilzunehmen. Viel ist bei mir von diesem Parisbesuch nicht hängengeblieben. Er muß sehr kurz gewesen sein. Ich übernachtete bei meinem Bruder, der damals an der Sorbonne studierte.

In Chorkleidung begab ich mich allein nach La Madeleine. Die Aufführung war schlecht besucht gewesen. Nach der Probe hatten wir Gelegenheit, ein wenig durch die Stadt zu bummeln. Große Schwierigkeiten hatte ich beim Überqueren des Place de la Concorde gehabt. Ich war den Autofluten nicht gewachsen gewesen.

Bei einem Besuch mit Helmut Ende der Siebzigerjahre besuchten wir wieder meinen Bruder. Damals hatte es in Strömen geregnet, als wir mit dem Bus durch Paris fuhren. Wir speisten in einem algerischen Restaurant und besuchten das neu eröffnete Centre Pompidou. Zu seiner Hochzeit mit Camille, einer Jüdin, vor ca. zehn Jahren hatte mein Bruder mich nicht eingeladen. Das werde ich nie vergessen. Helmut und Sonja sind hingefahren, ohne mich darüber zu informieren. Auch meine Mutter wußte davon und teilte mir dies nicht mit. Meine Tochter hatte vorher noch die

Frechheit besessen, sich bei einem gemeinsamen Besuch in Straßburg 100 F von mir zu leihen für ein Geschenk, das sie unbedingt
kaufen müsse. Hätte ich gewußt, wofür es bestimmt war, wäre ich
darauf nicht eingegangen.

Einmal schrieb mein Bruder mir, daß ich nie mehr etwas von
ihm hören würde. Der Streit war entbrannt über der beabsichtig-
ten Anmietung meines kleinen Ferienappartements in L. an der
Côte d'Azur. Er wollte die Bedingungen dafür nicht anerkennen in
völliger Verkennung meiner sehr schwierigen finanziellen Situation.

Zu meinem sechzigsten Geburtstag erhielt ich dann aber doch
eine Glückwunschkarte von ihm. Da ich infolge meiner damals
bevorstehenden Ehescheidung die letzten Stand-by-Flüge bekam,
spielte ich mit dem Gedanken, diese für einen Flug nach Paris und
nach London zu nutzen. Ich teilte es meinem Bruder mit. Die
Resonanz darauf war zuerst nicht positiv. Er hätte kein Gästezim-
mer, schrieb er mir. Ich müßte im Hotel wohnen.

Nun, ich nahm damit vorlieb, und es ergab sich für mich end-
lich die Gelegenheit, seine Frau einmal persönlich kennenzu-
lernen. Mit dem Flugzeug landete ich Anfang Mai frühmorgens in
Paris. Mein Bruder hatte mir bereits geschrieben, daß er mich am
Flughafen nicht abholen könne. So machte ich mich allein auf den
Weg zur Place de la Nation.

Ich lief bei strahlendem Sonnenschein den Boulevard Voltaire
entlang. Paris zeigte sich mir so, wie man es sich vorstellt. Der
Boulevard aus dem 19. Jahrhundert war sicher auch vom Architekten Haussmann geschaffen worden, der das Gesicht der Stadt
z.T. zulasten der Pariser Altstadt damals so entscheidend verändert hat, das Gesicht von Paris, das wir heute so lieben.

Ich fand das Hotel am Boulevard Voltaire sehr schnell. Dort
bekam ich gleich das Zimmer zugewiesen, das mein Bruder für
mich hatte reservieren lassen. Von dort versuchte ich anzurufen,

was mir leider nicht gelang. So ging ich schließlich hinunter zur Rezeption, die für mich die Verbindung herstellte. Bald darauf traf mein Bruder im Hotel ein. Er hatte mir nämlich versprochen, mich dort um 12.00 Uhr abzuholen. Als er nicht pünktlich eingetroffen war, hatte ich darum gebeten, ihn anzurufen.

Er kam mir sehr ungepflegt vor. Dies war für mich nichts Neues. Seit er in Frankreich lebt, läßt er sich ziemlich gehen. Früher hat meine Mutter immer eine neue Hose oder ein neues Jackett für ihn gekauft, wenn er abgerissen nach Deutschland kam. Seit er verheiratet ist, läuft er zum Glück nicht mehr ganz so schlampig herum.

Nach der Begrüßung ging ich mit Arno ins Café de l'Espérance. „Gefrühstückt hast du", sagte er zu mir. Nun, es war Mittagzeit. Er bestellte ein Glas Wein für mich und trank selbst ein Bier. Er erzählte von seiner letzten Erkrankung und ich merkte, wie er meine finanzielle Situation, die sehr schwierig ist, völlig überschätzte. Er erzählte von seinen Bewerbungen in Leipzig und Ost-Berlin, als es noch eine DDR gab. Da er der Meinung war, in Frankreich als Philosophie-Professor schlecht bezahlt zu werden, bewerbe er sich in Deutschland. Dies stand auch im Zusammenhang mit der Absicherung seiner Rente. Seine Frau hat deswegen angefangen, Deutsch zu lernen.

Ich sagte zu ihm, daß die goldenen Zeiten in Deutschland vorbei seien und er doch als Beamter eine sichere Anstellung in Frankreich habe. Außerdem ist er französischer Staatsbürger geworden, und mit seinen Ansichten ist er in Frankreich besser aufgehoben als in Deutschland.

Nachdem er merkte, daß meine finanzielle Situation eher noch schwieriger ist als seine, trennten wir uns. Er sagte, ich könnte mir Paris alleine ansehen, ihm wäre dies zu anstrengend. Ich könnte eine Seinerundfahrt machen oder die Stadt besichtigen. Er begleitete mich zur U-Bahn.

Er machte ein Bild von mir und ich eins von ihm. Ich wollte unbedingt zum Louvre. Er nannte mir die Haltestelle Châtelet. Ich ging hinunter zur U-Bahn, er schlug eine andere Richtung ein. Um 19.00 Uhr sollte ich aber wieder im Hotel sein. Er würde mich abholen und anschließend in seine Wohnung führen.

Als ich an der Haltestelle Châtelet ausstieg, kam ich mir verloren vor. Ich landete in der Rue de Rivoli, einer Einkaufsstraße. Von dort aus fragte ich mich zum Louvre durch. Endlich war ich an dem herrlichen Bauwerk angelangt.

Ich machte Bilder von den verschiedenen Flügeln dieses riesigen interessanten Komplexes. Man könnte einige Zeit damit verbringen, die einzelnen Flügel kunstgeschichtlich zu analysieren. Damals, 1955, waren sie alle schwarz gewesen. Jetzt erstrahlten sie in einer leuchtenden Ockerfarbe. Ich machte viele Bilder von den einzelnen Fassaden und ebenso von den gläsernen Pyramiden, die man im Innenhof aufgestellt hat. Über die größte Pyramide gelangt man in das Innere des Grand Louvre mit seiner einzigartigen Gemäldesammlung.

Weitere Aufnahmen machte ich vom Arc de Triomphe du Caroussel, mit einer Quadriga, ähnlich der in Berlin, der sich am Rande des Tuileriengartens befindet. Schwieriger war es, Bilder von diesem mit Skulpturen geschmückten Schloßpark zu machen. Von dort aus hat man einen schönen Blick zum Arc de Triomphe de l'Etoile. Ich kaufte mir ein Eis und machte dann kehrt. Ich lief hinüber zur Seinebrücke. Von dort kann man die Türme von Notre Dame sehen. Die Seinedampfer waren an diesem Samstagnachmittag vollbepackt mit Menschen. Auch nahm ich überall deutsche Touristen wahr. Auf der Brücke stand ein Bus aus Mainz.

Ich machte mich auf den Weg nach Notre Dame, gelangte aber leider nicht dorthin. Nur an der Ste. Chapelle, die sich hinter kunstvollen schmiedeeisernen Gittern befindet, kam ich vorbei.

Ich setzte mich auf eine Bank, weil ich müde war. Dabei wurde ich von Kindern gestört.

Bald machte ich mich auf den Weg zurück zum Hotel, um rechtzeitig dort anzugelangen. Ich fragte mich zur richtigen Haltestelle durch, und als ich wieder an der Place de la Nation angekommen war, hatte ich Mühe, an der richtigen Stelle nach oben zu gelangen. Es fing gerade an zu regnen, als ich es endlich geschafft hatte. Es war aber nur Nieselregen.

Diesmal war mein Bruder pünktlich. Er wollte mir aber nicht beim Tragen der Tasche helfen, in der sich die Geschenke befanden. Ich mußte ihn erst einmal über meine Arthrose aufklären.

Wir liefen zum nicht sehr weit entfernten Neubau hin, in dem sich Arnos Wohnung befindet. Mit dem Fahrstuhl gelangten wir in das entsprechende Stockwerk, wo Camille uns die Tür öffnete.

Sie führte mich gleich auf den sehr geräumigen Balkon der Zweizimmerwohnung. Man hat von dort einen Blick über die Dächer von Paris hinweg bis zum Eiffelturm und zur Kirche Sacre Coeur. Wir nahmen auf dem Balkon den Apéritif zu uns, den Camille liebevoll zubereitet hatte, mit Spargel etc. Ich packte meine Geschenke aus und unterhielt mich vor allem mit Camille auf Französisch. Mein Bruder Arno schwieg sich aus.

Als Docteur d'Etat der Germanistik und Romanistik fühlte er sich mir gegenüber sehr überlegen. Auch machte er die Bemerkung, daß das Buch, welches eine Abhandlung von mir enthielt, in einem kleinen Verlag erschienen sei. Er ist selbst Buchautor, z. B. von philosophischen Büchern.

Camille verstand alles, was ich sagte, besser als mein Bruder Arno. Wir nahmen schließlich im Wohnzimmer zusammen das Diner ein. Camille fragte mich, ob ich in Frankfurt viele Freunde hätte. Ich erzählte ihr, daß meine Mutter Arno verwöhnt hat. Wir haben gut gespeist. Camille hatte sich viel Mühe damit gemacht. Aber es kam eigentlich keine richtige Unterhaltung zustande. Ich spielte die Rolle der vermeintlichen reichen Tante aus Amerika. Nach dem Abendessen brachten die beiden mich zum Hotel zurück. Ich hatte vor, am Sonntagvormittag Notre Dame zu besichtigen und mir die berühmte Gemäldesammlung im Louvre zumindest teilweise anzusehen. Camille schlug vor, mich zu begleiten. Sie wollte mich um 09.00 Uhr im Hotel abholen, womit ich mich einverstanden erklärte.

Camille war pünktlich und brachte auch meinen Hut mit, den ich am Vorabend bei ihr liegengelassen hatte. Aber sie lief erst am Hotel vorbei. Sie machte gleich kehrt, holte mich ab, und wir begaben uns zusammen nach Notre Dame. Davor befindet sich ein Reiterstandbild Karls des Großen. Leider war die Fassade dieses herrlichen gotischen Bauwerks eingerüstet.

Die Königsgalerie konnte man aber noch gut erkennen. Begeistert war ich von der seitlichen Fassade. Ich machte Dias vom seitlichen Eingang mit der Rosette. Leider konnten wir die Kathedrale nicht besichtigen, da gerade eine Messe stattfand. Es bestand aber die Möglichkeit, die Seitenschiffe zu betreten und Postkarten zu kaufen. Ich bewunderte die Säulen, die das Innere der Kirche schmücken.

Wir liefen anschließend um Notre Dame herum und begaben uns zum Eingang der St. Chapelle. Er hatte längst geöffnet sein müssen. Viele Touristen warteten draußen vor verschlossenen Türen. Da sich leider nichts tat, entschlossen wir uns, mit dem Bus zum Louvre zu fahren.

Dort angelangt mußten wir uns in die lange Schlage der Wartenden einreihen, die sonntags den Louvre besuchten, denn am Sonntag ist der Eintritt in die Museen in Frankreich kostenlos. Dies stand dort in mehreren Sprachen, aber nicht auf Deutsch. Wir mußten uns ca. eine halbe Stunde gedulden, bis wir eingelassen wurden. In der Warteschlange kamen wir am Reiterstandbild Ludwigs XIV. von Bernini vorbei, das ich bewundernd betrachtete.

Über die Rolltreppen in der großen Pyramide gelangten wir schnell dorthin, wo sich viele berühmte Kunstwerke befinden. Nur das anschließende Treppensteigen machte mir viel Mühe. Camille war sehr aufmerksam und paßte auf, daß wir uns mich verloren. Ich kaufte als erstes einen schönen handlichen Bildband mit Erläuterungen vom Grand Louvre. Anschließend begannen wir unseren Rundgang.

Die Mona Lisa war von einer großen Menschenmenge umgeben. Nur ganz vorsichtig konnte man sich an sie herantasten. Das berühmte Gemälde von Leonardo da Vinci ist mehrfach hinter Glas geschützt und wirkt sehr klein.

Aber nicht nur die berühmten Gemälde bewundernd lief ich durch das Gebäude, das einmal ein Schloß war, sondern ich betrachtete auch das prächtige Innere der Louvreflügel. Mit großer Bewunderung stand ich plötzlich vor einem riesigen Gemälde, das eine ganze Wand bekleidete: „Die Hochzeit von Kana" von Veronese, eine Woche vor meiner Ehescheidung. Camille behielt mich immer sehr aufmerksam im Auge und machte mich auf die Wege zu berühmten Ausstellungsstücken aufmerksam.

Ein besonderes Erlebnis war die Skulptur „Die Venus von Milo" für mich, insbesondere wie sie im Louvre präsentiert wird. Man muß einen langen Gang entlang laufen, bis man endlich vor ihr steht. Die Insel Milos, den Ort ihres Ursprungs, hatte ich 1989 auf meiner Kreuzfahrt rund um die Ägäis kurz besucht. Sie war das erste große griechische Inselerlebnis auf dieser Reise gewesen.

Viel mehr Zeit hatte ich aber leider nicht. Ich legte auf meinem Rundgang eine kleine Pause ein, um die Zeit zu kalkulieren, die mir noch zur Verfügung stand. Camille fragte mich noch, was denn das Abendgymnasium kostete. Ich erwiderte, daß es nichts kostete, und daß wir die Bücher geliehen bekämen.

Wir kamen auf unserem Weg nach draußen noch an der Nike von Samothrake vorbei. Ich machte ein Bild von der enthaupteten Skulptur. Beim Fotografieren der Siegesgöttin spulte mein Film aber plötzlich zurück. Ich konnte also keine weiteren Bilder mehr machen.

Der Sieg – ich hatte es geschafft, meinen Bruder wiederzusehen, der mir einmal geschrieben hatte, daß ich nie mehr etwas von ihm hören würde – wurde getrübt, was sich später noch herausstellte.

Ich lief mit Camille noch durch den mit Skulpturen geschmückten Tuileriengarten. Auf einer Bank legten wir eine kleine Pause ein, da ich das große Bedürfnis hatte, mich eine kleine Weile zu setzen. Dabei fiel mein Blick auf den noch ziemlich weit entfernten Arc de Triomphe de l'Etoile.

Leider konnten wir den Place de la Concorde nur tangieren, da ich nachmittags pünktlich am Flughafen sein wollte. Camille erzählte mir noch, daß sie mit Arno kürzlich in Berlin gewesen sei. Ich fragte sie noch, wo es ihr denn besser gefiele, in Paris oder in Berlin. „Paris est plus jolie", das war die spontane Antwort. Ich sagte ihr noch, daß Berlin zu 80 % kriegszerstört war.

Wir gingen zur U-Bahn, und Camille riet mir, ohne Fahrschein mit ihr zusammen die Barrieren zu überwinden. Ich ließ mich darauf jedoch nicht ein, denn die Fahrscheinverkäuferin konnte uns beobachten. Nachdem ich mir einen Fahrschein besorgt hatte, fuhren wir zur Place de la Nation zurück und holten im Hotel mein Gepäck ab. Wir begaben uns damit in Arnos Wohnung.

Mein Bruder, der den Fernseher angestellt hatte, wo gerade eine Sendung über Nazi-Deutschland lief, verschwand gleich nach unserer Ankunft und ging Pizza holen. Als er zurückkam, fing er an auf die Deutschen zu schimpfen – er ist schon vor einigen Jahren französischer Staatsbürger geworden – und zwar nicht nur auf mich, sondern auch auf meine Tante Hedel, die ein halbes Jahr vor mir in Paris gewesen war. Dabei hatte er wohl einiges, was ich zum heutigen Deutschland gesagt hatte, mißverstanden. Camille fing an, von den KZs zu reden.

Camille schenkte mir eine Flasche Rotwein, und wir aßen noch gut zu Mittag. Da ich ja nicht wußte, ob ich als Stand-by-Fliegerin nachmittags einen Platz nach Frankfurt bekommen würde, schnitt ich dieses Problem an, da ich ja unter Umständen ein zweites Mal übernachten mußte. „Eine zweite Nacht bezahl' ich nicht", war die Antwort meines Bruders. „Elle peut rester ici", sagte schließlich Camille. „Ich brauch' das Wohnzimmer" (dort steht die Couch), war die Antwort meines Bruders.

Arno und Camille brachten mich noch bis zur richtigen U-Bahn, mit der ich mit Sicherheit zum Flughafen Charles de Gaulles gelangen würde. Nur von welchem Terminal die Maschine nach Frankfurt fliegen würde, das hat mir leider niemand sagen können. Unterwegs verabschiedeten sich die beiden von mir: „Alles Gute – allez", das bekam ich zu hören.

So landete ich am falschen Terminal. Ich irrte in der Gegend herum, erkundigte mich mehrmals, wo denn die Maschine nach Frankfurt abginge, ohne die richtige Antwort zu erhalten. Schließlich informierte mich jemand darüber, daß ich mich am falschen Terminal befände und mich mit dem Bus zum richtigen Terminal begeben müßte. Inzwischen war ich erschöpft vom vielen Hin- und Herrennen. Ich war froh, im Bus endlich ein paar Minuten sitzen zu können.

Am richtigen Terminal angelangt mußte ich weite Wege zurücklegen. Bis ich schließlich am Eincheckschalter angelangt war, hatte ich unheimlich viel Zeit verloren, so daß man mich nicht mehr annahm. Auch war im letzten Moment noch ein vollzahlender Gast gekommen, so daß für mich kein Platz mehr frei war. „Vous restez à Paris une semaine", sagte man mir. Sicher hätte ich dies gern getan, aber mir fehlten die Mittel dazu, wenn ich nicht umsonst übernachten konnte.

Die nächste Maschine ging in fünf Minuten ab. Mit ihr hatte ich bessere Chancen mitzukommen. So entschloß ich mich, solange am Flughafen zu warten. Ich rief meinen Bruder an, schilderte ihm die Situation und die Gefahr, abends um 10.00 Uhr vielleicht ebenfalls nicht mitzukommen. Nun war er plötzlich bereit, mich in seiner Wohnung übernachten zu lassen. Sie würden bis 11.30 Uhr aufbleiben, bekam ich zur Antwort.

„Nous avons encore une place pour vous", das sagte man mir beim Einchecken. So stellte sich für mich das Problem der Übernachtung nicht mehr, und ich landete pünktlich am gleichen Abend wieder in Frankfurt.

Pünktlich zum Ferienbeginn in Hessen wollte ich Ende Juli nach Nizza fliegen. Ob das wohl klappen wird, dachte ich mir im Stillen. Nun, es kam manches anders, es klappte aber trotzdem noch.

Es fing damit an, daß ich für den Tag des Abflugs meinen Wecker falsch gestellt hatte. Ich wollte um 5.15 Uhr aufstehen. Der Wecker klingelte aber bereits um 4.45 Uhr. Als ich dies feststellte, dachte ich mir: Da kannst du dich noch eine halbe Stunde umlegen. Dabei bin ich aber noch einmal so richtig eingedämmert. Ich bekam dann einen furchtbaren Schreck, als ich das nächste Mal auf die Uhr guckte und merkte, daß es bereits 6.00 Uhr war. Ich hatte mir nämlich vorgenommen, um 6.15 Uhr das Haus zu verlassen.

So sprang ich aus dem Bett und versuchte all das in fünfzehn Minuten zu schaffen, wofür ich eine Stunde Zeit eingeplant hatte. Leider ist mir dies nicht gelungen, so daß ich mich entschloß, mit einem späteren Bus zum Flughafen zu fahren. Zum Glück fahren zu dieser Zeit die Busse alle zwanzig Minuten, so daß ich gerade noch rechtzeitig am Flughafen ankam, um mich dort in die Schlange der Wartenden am Stand-by-Schalter einzuordnen.

Die Schlange in der hintersten Ecke des Flughafens war zum Glück nicht länger als sonst. Ziemlich schnell gelangte ich dort relativ weit nach vorn. Plötzlich kam eine Dame in einem roten Kostüm auf mich und einen jungen Mann zu und fragte uns, wohin wir fliegen wollten. Noch nie hatte ich so etwas erlebt. Als ich zu ihr sagte, daß ich nach Nizza möchte, bat sie mich mitzukommen.

Mein kleines praktisches Gepäckstück konnte ich gleich aufgeben, da dies neuerdings am Stand-by-Schalter möglich ist. Die Dame machte aber auch noch ein rotes Band darum. Sie fragte mich, ob ich gerne einen Fensterplatz hätte. Dies bejahte ich, bekam aber zur Antwort, daß ich noch auf der Warteliste stünde. Anschließend wünschte sie mir einen guten Flug.

Ich begab mich gleich zum Gate, zu welchem ich einen langen Fußweg zurücklegen mußte und schließlich noch mit der Rolltreppe nach oben fahren mußte. Bei den Gepäck-Röntgenkontrollen war alles sehr überfüllt gewesen. Oben angelangt bekam ich meinen Sitzplatz nicht sofort. Man sagte mir aber, ich könnte schon in den Wartesaal durchgehen.

Alles wurde pünktlich abgewickelt. Zur angegebenen boardingtime erfolgte die Ansage, daß wir mit Bussen zum Flugzeug gebracht würden. Mit der Vergabe des Sitzplatzes hat man mir gegenüber noch gezögert. Als ich der Meinung war, es wäre alles fertig ausgedruckt, sagte man mir, dieser Platz wäre nicht für mich bestimmt. Ich bekam ihn dann aber als Nächste, und zwar einen Fensterplatz ziemlich weit vorn, und man erwähnte dabei meinen Zunamen.

Als ich im Flugzeug meinen schönen Fensterplatz eingenommen hatte, setzte sich ein ca. fünfjähriger Junge neben mich und seine Mutter anschließend neben ihn. Es dauerte keine zwei Minuten, daß die Mutter zu ihm sagte, er möge sich doch in eine andere Reihe ans Fenster setzen. So blieb der Platz neben mir während des ganzen Fluges frei, denn im Flugzeug gab es noch eine Reihe unbesetzter Plätze. Mutter und Kind sprachen Französisch.

Im Flugzeug habe ich den Lufthansa-Frühstücksservice so richtig ausgekostet. Nach dem Käsebrötchen nahm ich mir noch ein Schinkenbrot. Nach dem Tomatensaft und einem Kaffee bat ich noch um einen Orangensaft. Die Mutter des Kindes blätterte in einer Illustrierten und betrachtete darin ziemlich lange eine dort abgebildete nackte Frau und einen dort abgebildeten nackten Mann. Von meinem Fensterplatz hatte ich bis zum Schluß nicht viel gesehen, da die Alpen in Wolken gehüllt waren.

Beim Anflug auf Nizza flogen wir über die Inseln Ste. Honorat und Ste. Marguerite. Die Maschine landete pünktlich auf dem dortigen Flughafen, und über eine Fahrgastbrücke konnten wir in Nizza aussteigen. So hatte bis dahin beinahe alles wie am Schnürchen geklappt.

Das Gepäck aus Frankfurt wurde auf Band Nr. 1 angezeigt. Da es eine Weile dauerte, bis es schließlich anrollte, nahm ich so lange auf einem der drei Stühle Platz, die für Raucher vorgesehen sind.

Mein neues praktisches Gepäckstück zum Rollen für leichte Sommergarderobe konnte ich ohne die Hilfe anderer vom Band nehmen. Mit dem Gepäckwagen, auf dem sich vorher bereits mein Handgepäck befunden hatte, fuhr ich zum Schalter, um mir einen Busfahrschein zu kaufen.

„Nach Cannes", sagte ich. „70 Francs", bekam ich zur Antwort. Ob es sich hier um den Rapide handele, fragte ich noch und wann er abführe. „Ja", „toute de suite", „sofort", sagte der Fahrscheinverkäufer zu mir. Ich nahm den Fahrschein, bezahlte, begab mich sofort nach draußen und stellte fest, daß der Bus gerade dabei war abzufahren.

So mußte ich zum Schalter zurück. Die Busse, die anderthalb Stunden für die gleiche Strecke brauchen, da sie in sämtlichen Ortschaften halten, fahren alle halbe Stunde und kosten 50 F. Um 10.30 Uhr hätte ich einen solchen Bus nehmen können. Um 12.00 Uhr wäre ich dann erst in Cannes angekommen. Mit dem Rapide um 11.00 Uhr konnte ich aber bereits um 11.45 Uhr in Cannes sein. Nur mußte ich in diesem Fall eine ganze Stunde auf den Flughafen in Nizza verbringen.

Am Schalter konnte ich jedoch mein Ticket nicht umtauschen. Es stand darauf „non remboursable", nicht umtauschbar. Darauf hat man mich aufmerksam gemacht, denn ich hatte dies vorher nicht gesehen. Nur der Verkäufer hätte es mir nicht mehr verkaufen dürfen, da er ja die Abfahrtszeiten kannte.

So saß ich erst einmal am Flughafen in Nizza fest, denn ich konnte erst um 11.00 Uhr mit dem Rapide weiterfahren. Ich machte mich auf den Weg zur Toilette, und als ich mich im Fahrstuhl befand, sagte ein mitfahrender Franzose zu mir: „Vous allez en Allemagne". Ich sagte zu ihm, daß ich gerade angekommen wäre und erzählte ihm, was sich zugetragen hatte. Woher wußte er eigentlich, daß ich Deutsche bin? Schließlich sagte er dann: „La France est compliquée", Frankreich sei kompliziert.

Ich setzte mich draußen auf die Bank an der Busabfahrstelle. „C'est pour fumeurs", „das ist für Raucher", sagte die neben mir sitzende Dame in schwarz. Ich sagte zu ihr, daß ich behindert sei. Unterhalten hat sie sich mit mir aber nicht. Sie sagte schließlich gar nichts mehr. Ich verspeiste noch den Apfel, den ich bei mir hatte. Leider hatte ich ihn nicht präpariert. So mußte ich hineinbeißen und hatte Angst, daß dadurch zwei empfindliche Zahnkronen wieder herausfallen konnten. Zum Glück hielten sie dem Biß stand.

Endlich traf der Bus ein. „Bonjour", sagte der Busfahrer zu mir. Ich war die Einzige, die diesen Bus bestieg. Am Terminal 2 stiegen noch drei weitere Fluggäste zu. So hatte ich im Bus viel Platz und brauchte keine Angst zu haben, von anderen u.U. falsch behandelt zu werden.

Von Cannes fuhr ich mit dem Taxi nach L. Nachdem der junge Taxifahrer mich gebeten hatte, nicht vorne, sondern hinten einzusteigen, stieß ich mich am Kopf. Dieser tat eine Weile weh. Beim Aussteigen fiel mir das Zehn-Franc-Stück aus der Hand, das zu dem 100 F Fahrpreis noch dazu kam. Meine Hände wollten nicht mehr. Das kommt von der Arthrose. Dabei hat man mir nicht einmal das Gepäck bis zur Haustür gebracht.

In meiner Wohnung wollte ich ein paar Tage Ferien vom Ich machen. Als erstes nahm ich die elektroangetriebenen Rolläden in Betrieb, d.h. ich brauchte nicht mehr zu kurbeln, sondern sie öffneten sich mit Betätigung eines Schalters. Das Telefon wurde von mir nicht angeschlossen, damit Helmut und Unbekannte mich nicht anrufen konnten. Fernsehen habe ich dort sowieso nicht.

Ich genoß den Swimmingpool und das Meer, wobei ich allerdings zum Strand laufen mußte. Der Strand war so voll wie noch nie. Dies wunderte mich nicht, denn den ganzen Juli über sind bereits französische Schulferien. Um wenigstens einmal vom Strand und vom Baden im Meer etwas zu haben, begab ich mich bereits frühmorgens um 7.30 Uhr dorthin. So kam ich um 8.00 Uhr an und begab mich sofort ins Wasser, als es dort noch erträglich war.

Kaum hatte ich mich naßgemacht, sagte jemand zu mir: „Madame, nous pouvons demander un service de vous, prendre une photo de nous." Ich sollte ein Bild von allen dreien auf der Luftmatratze machen. „Comment ça fonctionne", fragte ich. Man erklärte mir das, und ich machte das Bild. „Merci", ertönte es. Im Wasser machte ich Schwimmversuche, die mir nicht sehr gut gelungen sind. Meine Beine waren vom Laufen zu angespannt, aber der Meeresboden tat meinen Füßen gut.

Am Strand saßen die Leute dicht nebeneinander. Ich stellte dabei fest, daß ich mich da mittendrin ziemlich sicher fühlte. Auch als es im Wasser immer voller wurde, klappte das viele Nebeneinander recht friedlich. Bälle flogen hin und her über die Köpfe der anderen hinweg, Kinder bewegten sich mit Schwimmflossen, Schwimmringen und -tieren und auf Luftmatratzen; Kleinkinder buken am Strand Kuchen aus Sand. Hunde sah man zum Glück nicht. Ein Sonnenschirm machte sich allerdings selbständig, da er nicht fest genug im Boden verankert gewesen war.

Sehr gewundert habe ich mich darüber, daß ein zwölfjähriges Mädchen einer Neunjährigen einen Eimer Wasser über den Kopf goß und die Betroffene nicht dagegen protestierte. Sie versuchte allerdings, sich zu rächen. Sie schaffte es aber nicht, da sie kleiner war, in gleicher Weise der Größeren ebenfalls einen Eimer Wasser über den Kopf zu gießen.

Hunde sind am Strand nicht zugelassen. So steht es auf einem großen Schild der Gemeindeverwaltung am Strand. Dennoch lassen viele ihre Hunde dort frei herumlaufen, wenn wenig Betrieb ist. Leider hindert sie auch niemand daran, dies zu tun.

Die Tage vergingen schneller als ich dachte. Am Donnerstag war ich angekommen, am Montag mußte ich bereits anfangen, meine Rückreise zu organisieren. Ich wollte mich telefonisch erkundigen, wie es mit Stand-by am Mittwoch aussieht, kam aber nicht durch. Jedesmal gab France Telecom mir zu verstehen, daß ich die falsche Nummer gewählt hätte. Ich müßte einen Teil der Nummer durch eine andere ersetzen, tönte es vom Band.

Als ich dies tat, war es leider wieder nicht richtig. Nach dem dritten Versuch gab ich schließlich auf. Ganz egal, wie die Auskunft ausgefallen wäre, ich hätte es auf jeden Fall am Mittwoch versucht, aus Nizza wegzukommen. Mittwoch war immer ein guter Tag für Stand-bys gewesen. Auch bin ich in Nizza noch nie stehengeblieben, nicht einmal bei vorher überbuchten Maschinen.

Ich fuhr am Abreisetag morgens mit dem Bus nach Cannes. Dort, wo ich auf den Rapide zum Flughafen wartete, unterhielt ich mich mit zwei Rumäniendeutschen. Ich hatte sie angesprochen, da ich sie für Italiener gehalten hatte. Sie hatten Rumänisch gesprochen, das so ähnlich klingt. Sie leben in Düsseldorf und stiegen in Nizza am Terminal 2 aus. Auch während der Busfahrt unterhielt ich mich mit ihnen.

Beim Einchecken in Nizza wurde ich mit „Bonjour" begrüßt. Mein Gepäckstück wurde zuerst angenommen, danach aber gleich beiseite gestellt. Man fragte mich, wer denn bei der Lufthansa arbeitete. Ich sagte, daß mein „Verflossener" fünfundzwanzig Jahre bei der Lufthansa gearbeitet hätte. Schließlich fragte man mich noch, welche Tätigkeit er dort ausgeübt hatte. So erzählte ich ihr noch, daß er in der Datenverarbeitung tätig war. Außerdem erfuhr ich, daß die Maschine voll sei.

In der Abflughalle nahm ich Platz und erfuhr sehr bald, daß ich nicht mitkäme. So ließ man mich meinen letzten Stand-by-Flug noch einmal so richtig auskosten. Ich erwähnte noch, daß ich behindert sei. Dies änderte aber leider nichts an dieser Tatsache.

Außer mir kamen noch eine Dame mit einem neunjährigen Kind und eine weitere Dame nicht mit. Man machte zu mir noch die Bemerkung, ich könnte ja einen Flug buchen. Darüber habe ich mich sehr geärgert, denn mein Geld ist immer noch sehr knapp. Ich hatte ja schon auf das Taxi in Cannes verzichtet.

Wir drei Damen, die nicht mitgekommen waren, wurden anschließend dorthin geführt, wo wir unser Gepäck wieder in Empfang nehmen konnten. Als nächstes erkundigte ich mich bei Lufthansa nach den Chancen am Abend. Man sagte mir, daß es abends gut aussähe, aber bereits um 13.00 Uhr könnte ich ja auch mit Air France fliegen. Von Air France erfuhr ich, daß ich gute Chancen hätte, mitzukommen. Auf diese Auskunft hatte ich aber lange warten müssen, denn vor mir wurden an einem Schalter zwei Damen ewig nicht fertig; an einem anderen Schalter hatte mich dann ein junger Mann vorgelassen, nachdem ich gesagt hatte, daß ich nur eine Frage hätte.

Nun mußte ich mich zum Terminal 2 begeben, um mit Air France fliegen zu können. Wäre ich abends mit Lufthansa geflogen, hätte ich den ganzen Tag in Nizza auf dem Flughafen verbringen müssen. Mit einem Pendelbus konnte ich zum Terminal 2 fahren. Ich hatte Mühe, mein Gepäck in den Bus zu verfrachten, denn das Nichtmitkommen mit Lufthansa hatte mich sehr mitgenommen.

Dort angekommen begab ich mich sofort zum Eincheckschalter. Eine meiner Leidensgenossinnen war schon vor mir hier angekommen. Plötzlich wurde der Schalter geschlossen. Die Dame hatte gerade gemerkt, daß sie einen falschen Platz eingenommen hatte. Da ich eine Bemerkung machte, daß ich es anstrengend fände, jetzt schon wieder woandershin zu müssen, bot sie mir an, mir mit dem Gepäck behilflich zu sein, was ich gerne annahm.

Die Dame, die nach Budapest wollte und mit Lufthansa nicht mitgekommen war, wurde am neuen Eincheckschalter zuerst abgefertigt. Den Koffer, den sie auf das Gepäckband gestellt hatte, mußte sie aber bald wieder herunternehmen. Mir ging es dann genauso, wobei die Angestellte von Air France zu mir sagte, sie würde mich zur boarding-time wieder abholen.

12.30 Uhr stand auf der Bordkarte. Nein, um 12.50 Uhr würde erst eingestiegen, bekam ich noch zu hören.

Vor der inoffiziellen Einsteigzeit stand aber die zweite „Stehengebliebene" bereits am Schalter und die schwarz gekleidete Ungarin neben ihr. So machte auch ich mich auf den Weg dorthin. Inzwischen wurden die Plätze an uns vergeben. Die dritte Dame, die Lufthansa nicht mitgenommen hatte, war Schwedin. Ich war froh, daß ich nicht länger auf den Wartesesseln ausharren mußte, denn dort tobten drei von zwei deutschen Frauen betreute Negerkinder herum.

Um zum Gate zu gelangen, mußte ich einen Umweg wählen und mich anschließend eine Treppe hinunterbegeben. Unten am Computer war die Maschine jedoch nicht angezeigt. Ich setzte mich zu der Schwedin und unterhielt mich eine Weile mit ihr. Sie stand später kurz auf und stellte fest, daß man das Gate geändert hatte.

Ich begab mich bald zum neuen Gate. Auf dem Computer erschien eine Aufforderung in Englisch und Französisch, daß man mit dem Einsteigen so lange warten sollte, bis der Sitzplatz am Computer erscheint. Niemand hielt sich daran, denn es wurden keine Sitze angezeigt. Wir durften bald in den Bus steigen, der uns zum Flugzeug brachte.

Als ich die kleine Maschine sah, bekam ich einen Schreck. Ich hatte nicht gewußt, daß sie nur über fünfzig Plätze verfügt. Beim Besteigen des Flugzeugs wurde ich als Einzige mit „Bonjour, Madam" begrüßt. Die Ungarin und ich saßen jeweils auf einem der Plätze an den Notausgängen.

Es wurden keine Schwimmwesten vorgeführt, und es wurde auch nicht von den sonstigen Sicherheitsvorkehrungen gesprochen. Auch wurde über den Verlauf des Fluges nichts angesagt, wie dies bei Lufthansa üblich ist.

Die beiden Schweden saßen vor mir. Später stellte ich fest, daß die Mutter einen Platz ganz hinten eingenommen hatte, während ihr Sohn vor mir sitzen geblieben war. Vielleicht hatte sich die Schwedin aus Sicherheitsgründen nach hinten gesetzt. Mein Handgepäck durfte ich nicht unter dem Vordersitz verstauen. Es wurde auf dem leeren Sitz neben mir festgeschnallt. Zu essen gab es ein kaltes Menü, bei dem das Hauptgericht ausgespart worden war. Bei der großen Hitze konnte man aber gut darauf verzichten.

Kurz vor der Landung erfuhren wir noch etwas über die Temperatur in Frankfurt. Nachdem wir ziemlich weit draußen auf dem Frankfurter Flughafen gelandet waren, machten wir dort noch eine kleine Rundfahrt, bis wir unsere endgültige Position einnehmen konnten. Wir mußten noch warten, bis ein amerikanischer Militärjumbo an uns vorbeigerauscht war. Beim Aussteigen nahm ich wahr, was auf dem Flugzeug stand: „Air France, Air Azur, Air Littoral".

Auf dem Flughafen kam mir alles so fremd vor. Ich wußte nicht, wo ich mein Gepäck abholen sollte. Man fragte mich, ob ich mit „Air France" gekommen sei und führte mich anschließend zum Gepäckband. Ich war auf Terminal 2 angekommen. Von dort konnte ich aber auch mit dem Flughafenbus nach Hause fahren.

Ich war kaum drei Stunden zu Hause und hatte abends um 19.00 Uhr den Fernseher angestellt. Eine Maschine gleichen Typs war am gleichen Tag in Italien verunglückt. Dies bekam ich zu sehen. Passiert war dies bei der Landung. Ich bekam plötzlich einen furchtbaren Schreck. Wie froh mußte ich sein, gut in Frankfurt gelandet zu sein.

Ostern und mein 62. Geburtstag mit Sonja 1998

Ich bat Sonja, mich im Frühjahr mit dem Auto nach L. zu fahren, um es dort zur Verfügung zu haben. Sonja äußerte in diesem Zusammenhang den Wunsch, dort Urlaub machen zu können, da sie diesen dringend benötigte. Dagegen hatte ich nichts einzuwenden, denn es bedeutete gleichzeitig, daß ich dort nicht alleine sein mußte. Nicht bewußt gewesen bin ich mir aber der Tatsache, daß wir schon längere Zeit nicht mehr mehrere Tage zusammen verbracht hatten.

Der gemeinsame Urlaub wurde problematisch. Gleich am ersten Tag hatte Sonjas Freund Wolfgang bei uns angerufen. Es folgten zwei weitere Anrufe für sie am gleichen Abend, so daß wir nicht zur Ruhe kamen. Daß wir die Wohnung in unaufgeräumtem Zustand vorgefunden hatten, mißfiel Sonja noch mehr als mir, denn ich bin ja Kummer gewöhnt.

Die Bettcouch war aufgeklappt und im Papierkorb fand ich drei englische Zeitungen. Die Agentur in L. hatte die Wohnung für mindestens eine Nacht ohne mein Wissen vermietet. Als ich mich deswegen beschwerte, kam der Inhaber persönlich, um aufzuräumen und sauberzumachen. Mit einem Brief habe ich ihm schließlich noch 200 F abgehandelt. Zu mehr war er nicht bereit, da er behauptete, daß die Wohnung nur für eine Nacht vermietet worden war. Ob seine Aussage stimmte, konnte ich leider nicht überprüfen.

Bei unserer Ankunft hatten wir ebenfalls festgestellt, daß der Spülkasten an der Toilette nicht richtig funktionierte. Als der Hausmeister kam, um ihn zu reparieren, mußte ich Sonja bitten, das Bad zu verlassen. Es dauerte nämlich eine halbe Stunde, bis sie mit dem Duschen fertig war. Ich wollte dem Hausmeister für die Reparatur 50 F geben. Damit war er jedoch nicht zufrieden. Soviel würde schon der Gummi kosten, sagte er zu mir. So mußte ich noch 50 F drauflegen, um ihn zufriedenzustellen.

Sonja und ich gingen uns oft auf die Nerven. Ich stellte fest, daß bei ihr alles doppelt so lange dauerte, wie bei mir. Auch benötigte sie von allem doppelt soviel wie ich. Dies hatte zur Folge, daß ich wieder unglaublich zu kurz kam. Es gab Tage, an denen Sonja äußerte, daß sie ihren Ausflug lieber alleine machen möchte. Begründet hat sie das mir gegenüber nicht. Nun, mit dreißig braucht man das ja auch nicht. Ich kann eben nicht so schnell laufen wie sie.

Aber zu meinem 62. Geburtstag war ich nicht allein. Er fiel diesmal auf einen Sonntag. Sonja hatte beim Géant Blumen und eine Torte dafür besorgt. Ich hatte in einem preiswerten Restaurant einen Tisch zum Mittagessen für uns reservieren lassen. Ich gönnte mir ausnahmsweise eine Apéritif. Das Menü, das ich bestellt hatte, schmeckte mir sehr gut. Danach leistete ich mir noch einen Kaffee. Sonja machte ein Bild von mir, als ich gerade mit dem Hors d'oeuvre beschäftigt war.

Nach dem Essen fuhren wir mit dem Bus nach Cannes, um dort keinen Parkplatz suchen zu müssen. Wir hatten Pech, daß sich an diesem Sonntag gerade unheimlich viele junge Leute dort aufhielten. Ein regelrechtes Gedränge herrschte auf der Croisette. Sonja machte noch ein Bild von mir vor dem Carltonhotel, auf dem ich sehr gestreßt aussehe.

Wir machten noch einen gemeinsamen Ausflug zum Lac St. Cassien. Kaum hatten wir uns dort mit unseren Klappstühlen niedergelassen, fing es an zu regnen. Am Tag nach meinem Geburtstag machte Sonja ganz allein einen Ausflug zur roten Felsküste, die ich so liebe. Sonja fuhr nach vierzehn Tagen mit dem Auto nach Hause und nahm einen großen Teil meines Gepäcks mit. Ich fuhr eine Woche später mit dem Zug zurück.

Bei meiner Rückfahrt vom Bahnhof in Cannes aus bat ich eine Deutsche, die noch keinen festen Liegeplatz gebucht hatte, zu mir ins Abteil hinein, um nachts nicht allein sein zu müssen. Der Schaffner, der ihre Buchung vornahm, war damit einverstanden.

Unterwegs stiegen noch junge Leute zu. Die junge Frau, die einen Liegeplatz über mir hatte, stand nachts um 3.00 Uhr auf und stieg die Leiter hinunter. Als sie merkte, daß ich nicht schlief, begab sie sich sofort wieder nach oben. Viel hätte sie bei mir, die ich ständig knapp mit Geld war, nicht vorgefunden. Aber meine Papiere und Scheckkarten wären weggewesen, und es hätte mich viel Zeit gekostet, sie wieder zu beschaffen. So hatte meine permanente Schlaflosigkeit in diesem Falle eine positive Seite. Zum Glück kam ich wohlbehalten wieder in Frankfurt an.

1. Tagebuch
Fahrt an die Côte d'Azur im Januar 1999 mit dem französischen Autoreisezug

Es war für mich nicht einfach gewesen, die Fahrkarte für diesen Zug ab Straßburg zu bekommen. Die Niederlassung der SNCF im Frankfurter Westend hatte ich mehrfach schriftlich und telefonisch kontaktieren müssen, bis ich mir schließlich dort die Reiseunterlagen abholen konnte. Wie die Reise ablief, darüber gibt das nachfolgende Tagebuch Aufschluß.

1. Januar 1999
Fahrt mit dem Auto nach Straßburg verlief problemlos – Auto wurde von der Bahn gleich angenommen – Bahnbeamter sprach erst Französisch mit mir – Weg zum Restaurant erklärte er mir auf Elsässisch. Bahnhofsvorplatz in Straßburg hat gleiche Dimensionen wie der von Frankfurt (Main). Man hatte dort eine Kunsteislaufbahn aufgebaut sowie ein Riesenrad mit Andeutungen von Pariser Bauwerken – Es erklang schrägamerikanische Musik. Ansagen aus dem Lautsprecher auf dem Bahnsteig erfolgten in Französisch, Deutsch und Englisch. Im Wartesaal tauchte eine junge Frau mit vier Gepäckstücken und einem deutschen Schäferhund auf. Eine junge Frau, die rauchte, wurde des Wartesaales verwiesen, da Rauchen verboten war. Als der Aufsichtsbeamte wieder verschwunden war, kehrte sie jedoch in den Wartesaal zurück und rauchte weiter.
Der Zug war pünktlich. Als ich gerade meinen Liegeplatz eingenommen hatte, versuchte eine Französin, ihn mir streitig zu machen. Alle bekamen ein Geschenk: Eine Flasche Mineralwasser,

ein Päckchen Tempotaschentücher, einen Schuhputzlappen, ein Erfrischungstuch. Nacht verlief problemlos.

2.1.

Beim Aufstehen stellte ich fest, daß unter mir eine Frau mit einem Hund übernachtet hatte. In Fréjus wurden wir sofort in eine Gaststätte geführt, wo wir unser Frühstück einnehmen konnten. Mein Auto wurde als drittletztes von ca. fünfzig Autos entladen, nachdem man den Zug erst einmal auf ein anderes Gleis rangiert hatte.

In L. wurde ich von Französin angemeckert, daß ich mein Auto an der falschen Stelle entladen habe (der dafür vorgesehene Entladeplatz war bei meiner Ankunft besetzt gewesen). In der Wohnung löste sich ein Holzteil vom Bett und fiel mir entgegen. Im Bad betrachtete ich den mir bekannten Wasserschaden.

3.1.

Eierstecher war kaputt – ein Eierbecher und eine Untertasse fehlen. Nachttischlampen funktionieren nicht. Beim Ausprobieren einer Glühbirne verursachte ich einen Kurzschluß. Folglich: Sonntagabend ohne Stehlampe, ohne Radio. Rolläden konnten nicht heruntergelassen werden. 2. Nacht ohne Nachttischlampen. Warmwasserhahn tropfte. Stöpsel von Kette im Spülbecken abgerissen.

4.1.

Hausmeisterin von Problemen informiert. Glühbirnen für Nachttischlampen gekauft. Hausmeister kam um 11.00 Uhr, um Sicherung auszutauschen. Um 14.00 Uhr kam er wieder, reparierte das Bett, den Wasserhahn und den Spülverschluß. Das hat mich wieder Geld gekostet. Gerade als er damit fertig war, probierte ich die eine Nachttischlampe aus. Erst brannte sie, dann gab sie ihren

Geist auf. Ich holte den Hausmeister noch einmal, der feststellte, daß die neue Glühbirne ihren Geist aufgegeben hat. Mir fielen dauernd Gegenstände aus den Händen.

5.1.
Im Wald und am Strand habe ich viel gegähnt. Als ich die Glühbirne umtauschen wollte, war der Angestellte von Géant entsetzt darüber, daß die Aufsicht mich mit der defekten Birne den Einkaufsbereich hatte betreten lassen.

Er verhandelte eine Weile mit seinem Chef, bis ich die Birne ersetzt bekam. Neben meinem Parkplatz, der zu meiner Wohnung gehört, hatten Deutsche ein in Frankreich zugelassenes Auto geparkt. Sie wären auch Eigentümer einer Wohnung, erzählten sie mir.

6.1.
An der Croisette von L. hielten sich spontane Italiener auf – In der Cafeteria gab es Beefsteak à l'Italienne – Beaujolais getrunken – gleich machten sich bei mir Melodien von Johann Sebastian Bach bemerkbar.

7.1.
Fahrt mit dem Auto zur Corniche d'Or – Traumwetter, aber sehr windig und kalt.

Cannes – Bushaltestelle verlegt – mußte weiter laufen – neue Zehnerkarten – Abwasch – mit Sonja telefoniert.

8.1.
Einkauf – Spaziergang – am Yachthafen auf einer Bank gesessen.

9.1.

Ein paar Stunden am Strand (bis dahin Traumwetter) – kleiner Spaziergang gegen 16.30 Uhr – Abwasch – Baden – Gähnen.

10.1.

Regen – Essengegangen in ein Restaurant in La Napoule – bekam meinen Regenschirm nicht gleich zurück.

11.1.

Besuchte die Euroagence wegen des Wohnungsverkaufs. Post – Géant – Cannes – Vortrag über Florentiner Malerei

12.1.

Brief an Jutta – am Strand – sollte auf Sachen aufpassen

13.1.

Mit Versicherung telefoniert wegen des Wasserschadens im Bad. Im Wald kalter Wind – Cafeteria – Anruf der Versicherung, Hausmeister nach Maler wegen Renovierung gefragt.

14.1.

9.30 Uhr Schadensbesichtigung durch einen Versicherungsexperten im Bad – nachmittags in Cannes einen Vortrag über den französischen Innenpolitiker Joseph Fouché gehört – das Cabinet Taylor-Levrat (Versicherung) in der Rue d'Antibes aufgesucht – Disput im Bus zuerst mit dem Fahrer, danach mit einem älteren, weiblichen Fahrgast mit einer jungen Ausländerin (vermutlich Araberin), die den Bus mit einem Kinderwagen bestiegen hatte, der als gefährliches Hindernis bei einem Unfall bezeichnet wurde.

15.1.

Einkaufen – mit Malern telefoniert – kleinen Spaziergang gemacht

16. 1.

Küchenarbeit – etwa eine Stunde spazieren gegangen – Ent-schädigungsangebot von der Versicherung bekommen – Muttipost bearbeitet (ich hatte mir die Post nachsenden lassen) – Kopf-schmerzen

17.1.

Verregneter Sonntag – Kopfschmerzen – Briefe geschrieben

18. 1.

Briefe geschrieben – Briefmarken und Umschläge besorgt, Kopi-en gemacht – Wetterbesserung – Spaziergang

19.1.

Briefe geschrieben – schönes Wetter – Maler angerufen – er hatte mir einen unglaublich hohen Kostenvoranschlag für die Re-novierung des ganzen Appartements gemacht: F 25.212,00, umge-rechnet DM 7.563,60. Ich fuhr mit dem Angebot zum Parkplatz unterhalb des Hausberges San Peyre, um dort tief Luft zu holen. Ich bestieg den Hausberg noch einmal und genoß die Aussicht.

Ich sah mich außerstande, diese hohen Kosten aufzubringen. Ich rief ihn an, um nur die Badrenovierung in Auftrag zu geben. Er lehnte ab.

20. 1.

Habe einen anderen Maler angerufen – Markt in L. – habe keinen Parkplatz gefunden. Böse Kinder an einer Bushaltestelle – drei französische und ein ruhiger Mischling, darunter ein Mädchen, ca. zwölf Jahre alt. Ich sollte mich nicht auf ihren Ano-rak setzen, bekam ich zu hören. Sie schwenkte einen Schuh hin und her und sagte, sie würde mir den Schuh nicht an den Kopf werfen. Im Bus machte sie eine Handbewegung, als wollte sie mich schlagen. Daraufhin sagte ich: „Vous ne savez pas vous comporter." Zum Glück stiegen die Kinder unterwegs aus.

Der Vortrag in Cannes über die städtebauliche Entwicklung der Stadt Turin war sehr schön bzw. interessant. Besuch der Ausstellung in „La Malmaison" an der Croisette: „Cubisme Moderne": Malerei und Skulpturen von André Lhote und Ossip Zadkine. Informationen eingeholt über kostenlose Konzertkarten ab 8.30 Uhr am Tag des Konzerts – Gardinen gewaschen. Blick in die Majestic-Boutique geworfen: Bluse DM 600,00, Ring DM 12.300,00. Alles unerschwinglich.

21.1.

Monsieur Moulin veranschlagt F 5.250,00 für Bad-Renovierung. „Il est en retard, n'inquiétez-vous pas!" Seine Sekretärin hatte vorher angerufen, daß er erst um 9.30 Uhr käme statt um 9.00 Uhr – neuer Vorschlag F 4.350,00 für mich immer noch zuviel. Mr. Guissart, der Versicherungsexperte sagte zu mir nach telefonischer Rücksprache, das wäre zu teuer. Er gibt mir Telefonnummern von preiswerteren Unternehmen. Vorher hatte Mr. Moulin gesagt: „La France – c'est la folie" – taxe d' habitation – Autobahngebühr – 20,6 % Mehrwertsteuer –.

Nachmittags zur Corniche d'Or, der Traumlandschaft, gefahren. Deutscher Bus aus Hof/Saale mit vier Männern hielt in meiner Nähe. Sie kamen aber nicht zu mir, und ich war zu faul aufzustehen. Danach eingekauft und Schlüpfer gewaschen.

Abends Anruf: „Ob ich nicht eine neue Küche kaufen möchte?" (Über derartige Anrufe hatte ich mich schon öfters geärgert).

22.1.

Morgens anderen Maler angerufen – er kam um 11.00 Uhr nicht – nachmittags im Wald bis 17.00 Uhr. Danach Post erledigt – anschließend Haberland in Frankfurt angerufen.

23.1.

Nochmals versucht, den anderen Maler anzurufen – drei Anrufe – Wäsche weggebracht – Friseur im Géant (kam gleich dran) – Friseuse erst höflich, als ich zu ihr sagte, daß ich 62 Jahre alt bin – Wäsche abgeholt. Dabei mußte ich meinen Einkaufswagen zurückfordern – Spaziergang (auf Bank gesessen) – Gardinen fertig gewaschen – gebügelt – Abwasch.

24.1.

Fahrt auf der Autobahn nach Ste. Maxime – gejagt von Autofahrern, denen es nicht schnell genug ging – Kirche voll – im Gottesdienst wurde viel Halleluja gesungen – Orgelnachspiel – Rückfahrt entlang der Küstenstraße – Cap d'Esterel – Cap Roux – viele Leute unterwegs – großartige Landschaft – keine Deutschen – habe an vielen Parkplätzen kurz gehalten, um bei Traumwetter die traumhaft schöne rote Felsküste im Januar geniessen zu können. Kräfte sammeln für den bevorstehenden Umzug im März. Eigentlich hatte ich nach Ste Maximin gewollt, um die sehenswerte Kirche zu besichtigen – ich hatte mich im Namen geirrt.

25.1.

Nochmals angerufen wegen Badrenovierung – ein Pole kam gegen 11.00 Uhr und sagte, ich sollte mir bei Géant Tapeten ansehen – nachmittags fuhr ich zum Strand und ließ mich von der Sonne bescheinen – vier frei umherlaufende Hunde – abends Manuskript über Paris-Aufenthalt fertiggeschrieben –

26.1.

Nochmals letzten Maler angerufen – zweimal Frau auf dem Anrufbeantworter.

Der Hausmeister hat verschiedenes gefragt (Bad repariert). Habe ihm die Hose vollgespritzt – hab mich entschuldigt – sagte, ich sollte den Maler, den er kennt, das Bad in meiner Abwesenheit renovieren lassen. In L. habe ich nur hinter der Post einen Parkplatz gefunden – zur Bank gelaufen – an zwei Türen: sonnez – entrez – es hat lange gedauert, bis ich die DM 100.00 gewechselt bekam. 25 F Tauschgebühr wurden berechnet.

Eingekauft – der Papagei bei Le Géant fängt jedes Mal zu krähen an, wenn ich das Einkaufszentrum betrete – Semaine alsacienne – Elsässer Woche im Géant – Sauerkraut, Fleisch- und Wurstwaren, Bilder von der Hochkönigsburg, dem Straßburger Münster, dem Odilienberg. Nachmittags an meiner schönen Stelle im Wald: Es ist wärmer geworden. Ich war plötzlich nicht mehr allein:

1.Drei junge Leute mit zwei frei herumlaufenden Hunden, von denen einer bellend auf mich zuläuft (der größere). 2. Ein Motorradfahrer, der den steilen Berg durch wildes Gelände hochfuhr. 3. Ein Behinderter auf Krücken – er war auch allein wie ich, die ich behindert bin. 4. Auf dem Rückweg kam mir ein schwarz-weißfarbiger Hund bellend entgegengelaufen. Ich sagte wiederum, daß die Hunde immer zu mir kommen, ich aber Angst vor ihnen hätte, weil meine Mutter auch Angst vor Hunden gehabt hat (zwei Familien saßen an einem Camping-Tisch). „Elle est Allemande", sagte eine Dame. Ich sagte „quand ils sont en laisse, c'est bon". Bei Le Géant gibt es Bücher für 10 F, unabhängig von der Seitenzahl: Molière, Corneille, Racine, Voltaire.

27.1.

Zeitung gekauft – Maler hat angerufen, kommt Donnerstag zwischen 8.00 und 8.30 Uhr – Cannes – Ste. Dante Alighieri, Vortrag mit Lichtbildern über „Piero della Francesca" (phantastische Aufnahmen) – gleich zurückfahren. Auf dem schnellsten Wege gelangt man über häßliche Treppen, die von einer Straße aus dem 19. Jahrhundert hochführen zu einer breiten Straße in die Rue Pastour, in der sich der Vortragssaal (Salle Stanislas) befindet, direkt neben der Feuerwehr.

28.1.

Morgens kam der Maler um 9.30 Uhr statt um 8.00 Uhr. Er hat aber gut gearbeitet. Bin zum Bahnhof gefahren und habe mich wegen der Streiks erkundigt – dann auf eine Bank gesetzt – eine wohlhabende Dame setzte sich dazu – es war sehr windig – sie war Sekretärin gewesen, ihr Mann war Lehrer gewesen – sie besitzen eine Villa in der Nähe von Reims – das Studio in L. haben sie vor fünf Jahren gekauft, aber zum gleichen Preis. Mann kann Deutsch, er hatte Franzosen in Deutschland unterrichtet: Als ich sagte, daß ich vormittags im Wald gewesen sei, sagte sie zu mir: „Dans la forêt il y a des sangliers." (im Wald gibt es Wildschweine). Zu den anderen Franzosen, die sich am Yachthafen aufhielten, sagte sie, „elle est Allemande".

29.1.

Desinsectisation – Kosten 150 F – zwei Maler kamen um 8.45 Uhr. Gegen 12.45 Uhr bis 13.00 Uhr waren sie mit allem fertig. Ich bin nachmittags noch einmal zum Strand gefahren, habe mich gesonnt, habe gepackt, getankt und beim Géant noch Brot und Käse gekauft. Ein netter Schweizer aus Bellinzona hat mir beim Kartentanken geholfen. Habe alles, was möglich war, für die Abreise vorbereitet.

30.1.

8.10 Uhr aufgestanden. Viel Arbeit bis 11.30 Uhr. Abreisevorbereitungen. Zeitung gekauft. Inhalt u.a.: Durchbruch auf dem deutschen Automarkt – in Deutschland kann man nicht leben (Artikel eines Deutschen, der in England lebt), ob Frankreich den Lateinunterricht abschaffen soll.

Ziemlich früh mit dem Auto nach Fréjus aufgebrochen. Vorher in einem guten Restaurant in L. nur Fischsuppe gegessen, was mir völlig ausreichte, denn Fischsuppe macht satt. Dem Kellner paßte es aber überhaupt nicht, daß ich nur Fischsuppe bestellte und sagte, „elle peut aller en Italie". Schließlich erwähnte ich, daß ich Deutsche bin. Ich war früh in Fréjus, mußte aber eine ganze Weile warten, bis ich mein Auto los wurde. Ein Ehepaar vor mir war gerade erst dabei, den Autoreisezug zu buchen. Man würde sich bald meiner annehmen, sagte man zu mir. „Vous êtes Allemande", das bekam ich wieder zu hören. Die Zeit bis zur Abfahrt des Busses nach St. Raphaël verbrachte ich auf einer Bank am Meer. Ich fing aber schnell an zu frieren, da es bei schönem Wetter leider ziemlich kalt war. Vor der Abfahrt des Zuges bestellte ich mir in der Gaststätte in Fréjus noch ein warmes Getränk.

Der Zug traf pünktlich in St. Raphaël ein. Diesmal war ich allein im Abteil. Früh um 5.00 Uhr hatte ich das Gefühl, daß man sich an meiner Tür zu schaffen macht, die ich innen verriegelt hatte. Als man merkte, daß ich nicht schlief, ließ man sehr schnell davon ab. Als wir in Straßburg eintrafen, nahmen wir dort im Bahnhofsrestaurant wieder ein Frühstück zu uns. Danach stellte ich fest, daß die Autos bereits entladen waren. Es war schwierig, aus dem Bahnhofsparkplatz herauszurangieren, so daß ich eine Wand mitnahm, was mich später noch teuer zu stehen kam.

Ich hatte große Mühe, aus Straßburg herauszufinden. Mehrmals verfuhr ich mich. Ein Elsässer gab mir erst die richtige Auskunft,

als ich ihn auf Deutsch ansprach. Nun, man wußte ja nicht, wen
man vor sich hat.

2. Tagebuch
Letzter Badeurlaub in L. im August/September 1999

17.8.

Gebuchter Flug zum Frühbuchertarif mit Lufthansa – Taxi zum
Flughafen – Einstieg ins Flugzeug pünktlich – Starterlaubnis mit
20 Minuten Verspätung – Turbulenzen beim Start – Lufthansa-
brötchen (kein Mittagessen) – Stewardeß verschüttet Kaffee auf
meinem Rock – heißes Tuch für Flecken – Ausstieg über Fahrgastbrücke – Flughafen Nizza vergrößert – alles weiß – Marmor-
fußböden – Busticket für Cannes – „vous voulez à Monaco" –
„non, je ne suis pas riche", antwortete ich. Ich kann gerade noch
in den Bus nach Cannes einsteigen.

Nach dem Aussteigen mußte ich den Fahrer daran erinnern,
mir mein Gepäck auszuladen – drei Taxen stehen an der Mairie in
Cannes ohne Fahrer – ich fragte einen Passanten, wo sich denn
die Taxifahrer aufhielten – alle drei standen in einer Ecke und
unterhielten sich miteinander – schließlich ging ich zu ihnen.
Einer der Fahrer nahm sich meiner an – ich bat ihn darum, mein
Gepäck zu holen und einzuladen – Stau in Cannes und unterwegs
– teures Taxi – Unordnung in der Wohnung – auspacken – Ordnung schaffen – einkaufen – früh ins Bett – nach 10.00 Uhr laute
Musik vom Nachbarn gehört.

18.8.

Weiter Ordnung geschafft – Gespräch mit der Hausmeisterfrau
– um 14.00 Uhr zum Strand gelaufen, lange in der Sonne gelegen
und gelesen, bis eine Scheibe beim Spielen damit gegen mich fiel.

„Excusez-moi!" Man hat sich wenigstens entschuldigt – die beiden Jungen hielten sich jedoch lange in meiner Nähe auf – es dauerte lange, bis sie aufhörten, störend zu sein. Ich ging mit den Füßen ins Wasser – viele Kinder hielten sich darin auf – auf dem Rückweg begegnete ich Madame Duval, als ich auf einer Bank saß. Ich erinnere mich an die Wassergymnastik mit ihr vor ein paar Jahren.

Abends Musik im Radio gehört. Morgens Glühbirne an Stehlampe ausgetauscht. Anruf einer unbekannten Frau – „Moi, je suis propriétaire de l'appartement", sagte ich. „Excusez-moi", bekam ich zur Antwort.

19.8.

Morgens zum Strand gelaufen – machte Schwimmversuche – es fing an zu tröpfeln – machte mich bald auf den Heimweg. Unterbrach an der Croisette von L. – Zeitung gekauft – Französin öffnete mir die Haustür – 12.30 Uhr Anruf – ich hätte einen Koffer und eine Reisetasche gewonnen – ich könnte mir diese abholen – ich fragte wo – in Mouans-Sartoux – ich sagte, daß ich kein Auto dabei hätte – damit war die Angelegenheit erledigt. Nächster Anruf: 16.10 Uhr. Es meldet sich niemand. Agence angerufen. Termin für Montag 10.00 Uhr vereinbart wegen des Wohnungsverkaufs. Monsieur A. in Urlaub. Sehr unruhige Nacht – Gewitter, ich konnte nicht liegen bleiben.

20. 8.

10.30 Uhr Fahrt nach Cannes – Informationen besorgt – die Toilettenbenutzung war kostenlos. Eis gekauft – mich ans Karussell gesetzt – Wiener Walzer – 15.00-16.00 Uhr Mittagsschlaf – danach Einkauf – Hitze machte mir zu schaffen. Fahrt mit der kleinen Eisenbahn nach „Notre Dame de l'Espérance" (15. Jahrhundert) in Le Suquet" – Warum steht das hier nicht auf Deutsch, fragte ich, denn auf Englisch, Französisch und Italienisch informierten große Tafeln über die Eisenbahn. „Parce que nous n'avons pas assez Allemands ici – ce n'est pas indiqué en espagnol, parce que nous n'avons pas assez d'Espagnols ici – vous parlez bien le Français – je vous donne une brochure où c'est aussi indiqué en allemand".

21. 8.

Schönes Wetter – früh am Strand – etwas im Meer geschwommen – nachmittags Kleinigkeiten eingekauft. Im Concierge-Büro stand ein Sicherheitsbeamter, als ich das Gebäude verließ. „Protection" stand auf seinem Hemd. „Bonjour, Madame", sagte er zu mir beim Hinausgehen. Sonja rief gegen 17.00 Uhr an.

22. 8.

Spät aufgestanden – im Radio Gottesdienst gehört – am frühen Nachmittag nach La Napoule gelaufen. Das Minensuchboot war schwer erreichbar. Habe es nur von weitem gesehen – Weg war mir zu weit. Rest des Tages im Zimmer verbracht.

23.8.

In der Agence bei Madame M. einen neuen Verkaufsauftrag unterschrieben – verschiedene Fragen – bei der Rückkehr begegnete mir das Hausmeisterehepaar in schwarz. Nachmittags mit dem Bus nach Cannes gefahren – Busverspätung (vier junge Österreicher im Bus, habe Mädchen vor mir aus Versehen an den Haaren gezogen) – lange Schlange am Schiffsbahnhof – Herr vor mir versucht mich zu verdrängen – Schiff nach St. Honorat ist weg – bekomme zweimal falsche Auskunft – ich fange an, Deutsch zu sprechen. In Ste. Marguerite mußte ich umsteigen – wurde noch viermal Opfer der Verdrängung durch andere – auf St. Honorat bekam ich falsche Auskunft – in der Klosterkirche sagte ich: „la croix, c'est moi" – zwei Mönche kamen herein und verschwanden bald wieder – Bus braucht wegen Autostau unterwegs fast eine Stunde nach L., – in L. festgestellt, daß an der Zahnprothese ein Glied abgebrochen war – abends ab 22.00 Uhr: „Fête de la libération" in La Napoule. Das Feuerwerk anläßlich der Befreiung von den Deutschen habe ich gehört, aber nicht gesehen.

24.8.

Morgens verschlafen – um 9.00 Uhr zum Strand gelaufen – geschwommen – in der Sonne gelegen – viele Kinder im Wasser mit aufblasbaren Tieren, Ringen, Booten etc. – barfuß gelaufen – angenehm für die Füße – nachmittags eingekauft – Zeitung gelesen – Zahnarzt in Le Surcouf hinter prächtigem schmiedeeisernem Gitter, das man mir bereitwillig aufschloß, konsultiert – Reparatur sollte F 480 kosten – Papagei verhielt sich ruhig im Géant.

25.8.

Gegen 9.00 Uhr erste Mal Swimmingpool – Der Hausmeister sagt mir „Bonjour", zwei Leute mähen gerade den Rasen – Lärm – schwimme prima – außer mir noch junges Mädchen – habe obere Dusche nicht gesehen – Zahnarzt angerufen – er sagte mir, ich könnte sofort kommen – um 18.00 Uhr kann ich Prothese abholen – gebügelt – Rasen wurde an beiden Eingangstüren gerade gesprengt, so daß man ein bißchen naß wurde – ich erlaubte mir daher, den Rasen zu betreten. Um 13.15 Uhr nach Cannes gefahren – Afrikanerin in prächtigem grünem Gewand mit vier kleinen Kindern an der Bushaltestelle – in Cannes Briefmarken gekauft – Ausstellung über russische Kunst war schon am Tag zuvor beendet worden (entgegen der Meldung in der Zeitung) – Informationen besorgt – es gibt inzwischen zwei kleine Eisenbahnen in Cannes – der Erweiterungsbau des Palais des Festivals, noch nicht ganz fertiggestellt – beim Einsteigen in den Bus in Cannes wurde ich von einem Mann hinter mir zusammengehustet.

Ich habe gesagt: „J'ai 63 ans, je suis handicapée". „Bonjour",
sagte der Busfahrer zu mir. „Je suis un pauvre victime de la se-
conde guerre mondiale", sagte ich, „on commence à parler de ces
choses quand il y a un monsieur comme lui." „Nous avons eu du
bonheur d'avoir survécu." Immer wieder, wenn ich mich bedroht
fühle, muß ich daran denken, daß kein Franzose ein so schreckli-
ches Schicksal wie die Vertreibung aus der Heimat erlitten hat.
„On nous a pris notre pays, notre langue, nos droits, nos meubles.
On nous a donné rien à manger. C'était le 8 mai pour nous. Les
Français ne savent rien de ça. Les slaves."
18.00 Uhr Prothese abgeholt – mit Scheck bezahlt – Rechnung
geben lassen.

26.8.
Spät aufgestanden – benebelt – herumtelefoniert – Antibes
Marineland – France Telecom – C.P.A.M. (Krankenkasse) –
Prospekte aussortiert – nachmittags am Strand ohne zu schwimmen im Wasser gewesen – zwischen 17.00 und 18.00 Uhr zurückgekommen (Zeit des Hundeausführens) – keine strahlende Sonne
(bedeckter Himmel) – Neger bieten am Strand ihre Sachen an.

27.8.
Schwarzer Freitag – Traumwetter – entschließe mich endlich,
nach Marineland zu fahren – erst klappt es gut, wenn auch erst der
dritte Bus in Cannes mit etwas Verspätung nach dem Gare de Biot
fährt – Eintritt 120 F – Veranstaltung beginnt pünktlich – mitten
in der Veranstaltung kommen zwei freche Jungen (8-10 Jahre) und
schlagen mich: „Eine Frechheit – eine Unverschämtheit sonder-
gleichen!" das platzte aus mir heraus.

28.8.
Um 8.00 Uhr im Swimmingpool geschwommen – fünfmal hin
und zurück – danach eingekauft – gekocht – Mittagsschlaf – gelesen im D.T.V.-Atlas – eine halbe Stunde mit Sonja telefoniert –
Adressen geschrieben.

29.8.
Schreckliche Nacht – gegen 9.00 Uhr zum Strand gelaufen – es
begegneten mir etliche ältere Einzelpersonen – geschwommen –
ein zehnjähriger Junge sprach mich im Wasser an – konnte ihn
nicht verstehen – gab ihm zu verstehen, daß er mich nicht behin-
dern soll – wieder am Strand. Ich mußte einmal kräftig niesen
(meine Sinusitis) – Dame neben mir verließ daraufhin fluchtartig
den Strand – junge Mutter rechts von mir machte Anstalten, mir
ihr Baby in die Hand zu drücken – ich hatte erst davor Ruhe, als
ich mich demonstrativ von ihr abwandte – es fing an zu donnern
und zu blitzen – alle verließen nach den ersten Regentropfen
fluchtartig den Strand, aber ich war die einzige, die im strömenden
Regen mit der Bastmatte über dem Kopf nach Hause lief – Post
erledigt.

30.8.
Beste Nacht – früh aufgestanden – schönes Wetter – Schiff
nach Monaco kam spät an und fuhr mit Verspätung ab – die Toilette war leider abgeschlossen – „die Franzosen sind päpstlicher als
der Papst" – „ce n'est pas permis à faire pipi dans les ports à cause
de la pollution" – nach Verlassen des Hafens schloß er auf – nach
der Benutzung der Toilette begutachtete er sie (warum wohl, das
frage ich mich) – neunjähriges Mädchen wollte sich mir auf-
drängen – älterer Herr versuchte, mir meinen Platz wegzunehmen
– in Monaco mit dem Bus zum Schloß gefahren – mit Engländern
und Italienern unterhalten – „Nice to have met you", das kam von

englischer Seite – zur Kathedrale gegangen – Heftchen darüber im
Automaten für 20 F gekauft – kam nicht heraus – ich schaffte
jemanden herbei, er schloß mir auf und gab es mir – ich hatte ihn
gerufen, denn es war weit und breit niemand zu sehen gewesen –
„est-ce qu'il y a quelqu'un ici?" hatte ich in eine erleuchtete
Seitenkapelle hineingerufen – zum Casino gefahren – im Park gesessen und einen Blick ins Hotel de Paris hineingeworfen – bei der
Rückfahrt auf dem Schiff vom ca. neunjährigen Mädchen regelrecht bedrängt worden – mit Deutschen aus Mannheim unterhalten (Mutter mit zwei Mädchen) – abends gewaschen und gekocht.

31.8.
Bei der Agence gewesen – mich wegen Vermietung der Wohnung für ein Jahr erkundigt – nachmittags zu Hause geblieben –
Figaro gelesen (negativer Artikel über Deutschland, der mich sehr
nachdenklich machte).

1.9.
Im Swimmingpool morgens um 8.00 Uhr geschwommen –
Wohnung aufgeräumt – Mme. M. kam um 11.00 Uhr, um die
Wohnung zu besichtigen. Mieter konnte leider nicht kommen.
Nachmittags wegen Erstattung der Prothesenreparatur zur
C.P.A.M. gefahren – Betrag von ca. 150 F wird überwiesen (Rele-
vé d'identité bancaire mußte ich hinterlassen) – Haltestelle „Moulin de la Gaité". Mme. M. wollte mich evtl. anrufen wegen Woh-
nungsbesichtigung durch Mieter – ein kleines Kind an der Bushaltestelle schrie mich an – sehr müde – eine dumme Bemerkung
vom Hausmeister.

2.9.
Morgens am Strand – erst 12.40 Uhr zurückgekommen – geschwommen – gesonnt – Mittagsschlaf – um 15.00 Uhr zu Géant

einkaufen – jemand wollte was wissen – jemand wollte mich von der Kasse wegdrängen – das ist kein Leben, wenn andere jeden Tag nur fordern und nichts geben bzw. mir ständig meinen Lebensraum streitig machen. „Heimweh nach dem Kurfürstendamm", das kam mir plötzlich in den Sinn.

3.9.

Fahrt nach Cannes 10.30 Uhr – Bus kam mit Verspätung an – ich besuchte die Ausstellung in „La Malmaison" an der Croisette". „Lisières" – Gérard Titus – Corniel, geb. 1942 in Paris? – verschiedene Techniken, war allein in der Ausstellung. „Allez-y" – Cannes im September (Programm geholt) – auf der Hinfahrt hustete eine ältere Frau ständig, nachdem ich nicht zugelassen hatte, daß sie für ihre Tasche noch teilweise meinen Platz wegnehmen wollte – nachmittags gebadet – rief Mme. Boutillier an, die ich im Januar kennengelernt hatte – es ertönte eine Stimme am Telefon, daß diese Nummer nicht stimme.

4.9.

Brief an Jutta geschrieben – zum Géant (Briefkasten) gebracht – Brot, Müsli und Zeitung eingekauft (Cannes Matin) – Mittagschlaf – kleiner Spaziergang – hinter mir „Madame, je vous suis" – ich sagte, daß ich nicht so schnell laufen könne – begegnete Mme. Duval in prächtiger Bluse und goldenen Schuhen und Tasche – von weitem hatte ich sie an ihrem Gang erkannt – Nachmittagsschlaf – abends sehr laute Musik im ersten Stock.

5.9.

Morgens kam ich nicht in Gang – Gottesdienst gehört – 14.40 Uhr nach Cannes gefahren – an der Croisette freigehaltenen Platz kurzfristig erobert – mit Dame aus Valence unterhalten, die in Cannes eine Zwei-Zimmerwohnung besitzt, die sie auch vermietet

– anschließend mit kleiner Eisenbahn gefahren, die die Croisette entlang fährt – danach am Karussell gesessen – über den Markt gelaufen – erkundigt, wozu die vielen Zeltpavillons aufgebaut sind – Bus nach L. stand schon da – 20.30 Uhr Müllabfuhr – in Les Greens von Kind verfolgt worden – Lärm auf Balkon schräg unter mir: Nüsse knacken oder etwas ähnliches – ich fange an, bei offenem Fenster zu gähnen – eine Frau mit Hund steht unter meinem Balkon, als ich plötzlich aufstehe – Lärm auf anderem Balkon endet.

6.9.

Mme. M. angerufen – „je vous appelle tout de suite", sagte sie zu mir, rief aber nicht an – Touristenbüro angerufen wegen Diaschau – „Ännchen von Tharau" fing ich an zu singen – zum Strand gelaufen – geschwommen – links von mir Deutsche mit fünf Kindern – rechts von mir Deutsche – unterhielt mich kurz mit Deutschen aus München mit drei und zwei Kindern – spät Mittag gegessen (ca. 14.00 Uhr) – Brief an Fam. Boutillier geschrieben – abgewaschen – Fehlanruf – Apparatgeräusch im Gang im ersten Stock – ich sagte der Hausmeisterin Bescheid.

7.9.

Ziemlich gute Nacht hinter mir – im Swimmingpool gut geschwommen – danach eingekauft – erst behindert worden – an der Kasse sagte junge Frau, hinter der ich stand, nachdem ich eine Weile hinter ihr gewartet hatte und ihr Baby mit großen Augen betrachtet hatte, plötzlich, ich hätte mich falsch angestellt. „Ce n'est pas la fin de la queue, les autres sont tous venus plus tôt". Es gab Streit – ich bestritt die Behauptung – das hätte sie mir ja gleich sagen können – Streit mit Géant-Sicherheitsbeamten – schließlich siegte ich, nachdem ich mein Leid mehrmals geklagt hatte. Aber ich bin vollkommen kaputt, weil ich wieder einmal um meinen Lebensraum kämpfen mußte. Gestern Abend Diapanorama im Touristbureau La Napoule über das Massif Estérel, Flora und Fauna um 21.00 Uhr gesehen. Zurückgelaufen – Wäsche sortiert – Vorbereitung für Abreise getroffen.

8.9.

Heute morgen um 8.00 Uhr dreimal Telefon – aufgelegt – um 9.30 Uhr Anruf von Mme. M. – sie käme morgen um 18.30 Uhr mit einem Käufer – Wäsche weggebracht – Zeitung gekauft – Abreise vorbereitet – immer noch sehr heiß – Mittagsruhe – Fahrt nach Cannes wegen Flughafenbus – auf dem Weg zum Bus von junger Radfahrerin angerempelt worden – erschreckt – „Excusez-moi", nun, sie hat sich wenigstens entschuldigt – der Bus nach Cannes kommt nicht, oder wissen Sie, ob er kommt – dies fragte man mich an der Haltestelle – Ausstellung in Cannes in pilzförmigem Zeltpavillons interessierte mich nicht – bis zum Carlton gelaufen – mich wegen Kopfschmerzen auf einen Stuhl im Schatten gesetzt – Fassade betrachtet – früh zurückgefahren – Wäsche abgeholt, sortiert und gebügelt – Abreise vorbereitet.

9.9.

Morgens schwimmen gegangen. Das letzte Mal – sehr heiß – früh nach Hause – in Cafeteria essen gegangen – Sachen gepackt – Wohnung besichtigt – Mme. Boutillier hat auf meinen Brief nicht reagiert, oder sie ist nicht in L. „Dans la forêt il y a des sangliers", hatte sie im Januar zu mir gesagt, als ich ihr erzählte, daß ich mit dem Auto gerne zum Waldrand fahre, um die Landschaft des Massif Estérel zu genießen – Haare gewaschen, gebadet – abends um 18.30 Uhr kam Mme. M. mit einem evtl. Käufer für meine Wohnung – un bricoleur – zeigte dem jungen Mann auch den Keller – er wollte die Wohnung noch seiner Freundin zeigen – „au revoir, avec plaisir", sagte er zu mir.

10.9.

Abreisetag – um 8.00 Uhr aufgestanden – für 11.00 Uhr Taxi bestellt – anderthalb Stunden mit Abreisevorbereitungen beschäftigt.

Vive la France

La grande nation
la nation chère
Leben wie Gott in Frankreich
komm ich deswegen her
viele Hunde
machen hier die Runde
nicht an der Leine
rennen die vier Beine
les prix, les prix,
sind so hoch wie noch nie
Steuern sind überall da
Wohnen, Autobahn, T.V.A.,
Benzin und Renovieren,
dann lieber studieren,
Bücher für Francs 10
Voltaire, Molière, Racine, wie schön
und billiger nach Cannes
das hört sich gut an.

Wohnungsverkauf im März 2000

Der Termin für den Verkauf meines Studios war auf den 8. März festgelegt worden. Dies bedeutete, daß ich am 4. März aufbrechen mußte, um am 6. und 7. 3. noch einige Dinge beschicken zu können. Da ich dies alles nicht alleine bewältigen konnte, mußte ich Helmut darum bitten, mir dabei zu helfen. Er war aber gern dazu bereit, genauso wie er mir im Zusammenhang mit dem Tod meiner Mutter geholfen hatte, die genau vierzehn Tage vorher im Alter von 91 Jahren verschieden war.

Genau zwei Wochen nach dem Todesfall brachen wir also mit dem VW-Golf über die Autobahn Saarbrücken-Metz nach Beaune in Burgund auf. Kurz vor Beaune gerieten wir in einen Stau,. der uns mindestens eine halbe Stunde Zeit gekostet hat. Dabei machte ich mir Gedanken, was wohl noch alles dazwischen kommen kann, bis die Wohnung endlich verkauft sein wird. Diese meine Gedanken waren nicht unberechtigt, denn der Weg bis zum Verkauf erwies sich schließlich als ein Weg voller Hürden.

Als Helmut das erste Mal Anstalten machte zu tanken, stellte sich heraus, daß er beim Tankversuch kein Benzin erhalten hatte. Ich hatte dafür aber inzwischen 300 F bezahlt, die man an der Kasse nur zögernd angenommen hatte. Nachdem mich Helmut über das gescheiterte Tanken informiert hatte, begab ich mich ganz schnell zur Kasse, um das Geld zurückzufordern. Ich hatte großes Glück, daß man sich noch an den Vorgang erinnerte, so daß ich sofort die 300 F erstattet bekam.

In Beaune übernachteten wir in einem kleinen hübschen Hotel, das sehr preiswert war. Wir bezogen auf Helmuts Wunsch hin jeder ein Einzelzimmer mit einem französischen Bett. Anschließend begaben wir uns ins Stadtzentrum, wo wir in einem guten Restaurant ausgezeichnet speisten. Helmut sagte, er hätte Halsschmerzen, und als wir nach dem Essen noch etwas in der Stadt herumliefen, sagte er, daß ihm das Laufen schwerfiele, was bei ihm nur ganz selten vorkommt.

Bevor wir nach Beaune hineinfuhren, hatten wir uns noch Citeaux angesehen; leider konnten wir die Reste der ersten Zisterzienserabtei nicht besichtigen, da dies erst ab Mai möglich war. In einem kleinen Laden im Klosterbereich erstand ich einen kleinen Führer über Citeaux. Dabei hörten wir vom Band das Violinkonzert von Beethoven.

Das Mutterkloster der Zisterzienser in Burgund wurde 1098 von Robert von Mosleme gegründet und 1790 aufgehoben. Die Gründung geht auf einige Mönche und ca. dreißig Personen zurück, die dem heiligen Bernhard folgten. In der Französischen Revolution wurden nämlich die Baulichkeiten beschlagnahmt und die religiösen Handlungen untersagt. Dies führte dazu, daß sie an Spekulanten verkauft wurden, was zur Zerstörung der Anlage führte. 1898 wurde die Abtei vom Trappistenorden erworben, der das reformierte Zisterzienserleben fortzuführen versprach. Von den Baulichkeiten sind nur wenige Reste erhalten, so z.B. das ehemalige Scriptorium, das einzige erhaltene ältere Gebäude aus dem 15. Jahrhundert. Dieses Kloster befindet sich, wie die künftigen Zisterzienserklöster in waldreichen wasserführenden Tälern. Zur Zeit leben etwa fünfzig Mönche in Citeaux.

Die erste Kirche wurde 1106 durch den Bischof von Chalon eingeweiht. Zwischen 1140 und 1193 wurde eine große Basilika gebaut. Die kleine Kapelle (15 x 5 m) blieb jedoch bis zur Revolution verehrungswürdig. In der Dunkelheit kamen wir an einem Betonbau vorbei, der offensichtlich die kleine Kapelle ersetzt.

Am nächsten Morgen fuhren wir nach Tournus, wo wir die große, noch erhaltene romanische Kirche mit Kreuzgang besichtigten. Es handelt sich hier um eine ehemalige Benediktinerabtei. Um zur Kirche zu gelangen, muß man zwei wuchtige runde Befestigungstürme passieren. Beim Betreten der Kirche fällt einem vor allem das System von Quertonnengewölben auf, die von runden Pfeilern getragen werden.

Im Jahre 875 brachten die Philibertisten die Reliquien des Heiligen Philibert, ihres Gründers (616-685) mit, die sich heute noch in der Kirche befinden. Die Kirche der im 6. Jahrhundert gegründeten Benediktinerabtei wurde um 1000 begonnen. Der Komplex wurde durch mit Türmen befestigte Mauern umgeben. Heute sind davon als Überreste z.B. die beiden bereits erwähnten Türme des Haupteingangs erhalten.

In einem ausgedehnten Rechteck befinden sich an einer Seite die Kirche und an den drei übrigen Seiten die Klostergebäude. Der Kreuzgang, eine gedeckte Galerie umgibt den Hof. Hinter dem Kapitelsaal unweit des Klosters steht der Palast des Abtes. Gewisse Eingriffe haben nach dem Weggang der Mönche im 17. Jahrhundert den Abteikomplex leicht verändert.

Die Hugenotten plünderten die Abtei im August 1562. Dabei wurde die Mönchsbibliothek zerstört. 1627 wurde die Abtei geschlossen. Die Mönche wurden durch ein Kollegium von Kanonikern ersetzt. 1785 hebt Ludwig XVI den Titel eines Abtes von Tournus auf sowie die damit verbundenen Titel und Vollmachten. 1790 werden die letzten Mönche verjagt und die Kirche wurde Eigentum der Gemeinde und dient als Kultstätte der Verfassung im Sinne der französischen Revolution. 1793/94 wird die Kirche verweltlicht. 1802 wird sie durch das Konkordat wieder zum Gotteshaus und Sitz der Pfarrgemeinde in Tournus. 1841-1851 wird sie unter Denkmalschutz gestellt und restauriert. Im 20. Jahrhundert wurde in Tournus das „Internationale Zentrum für Studien der romanischen Kunst" gegründet.

Bei prächtigem Wetter machte ich viele schöne Aufnahmen von der romanischen Basilika. Von Beaune aus hatten wir sehr schnell dorthin gefunden. Nach Cluny dauerte es etwas länger, denn Cluny befindet sich in ziemlicher Abgeschiedenheit. Die Stadt Cluny liegt im Tal der Grosne und hat ca. 5 000 Einwohner. Sie verdankt ihre Entstehung der Benediktinerabtei Clugny, lat. Cluniacum, gegr. 910 auf Anraten des hlg. Hugo von Wilhelm von Aquitanien. Diese war schon unter ihrem ersten Abt Ausgangs- und Mittelpunkt einer umfassenden Erneuerung des Mönchtums sowie der Weltgeistlichen und Laienwelt (kluniazensische Reform). Die mittelalterliche Klosteranlage wurde in der Französischen Revolution fast völlig zerstört.

Von der einst größten Kirche des Abendlandes ist leider nur noch ein verschwindend kleiner Teil erhalten. Einige Reste befinden sich im Museum. Es existieren von der Kirche noch der südliche Arm des Hauptquerschiffs mit einem oktogonalen Turm (Clocher de l'eau bénite), die Kapitelle des Chorumgangs und Reste vom Tympanon des Hauptportals. Nur einige Abteigebäude blieben erhalten. Die Umrisse dieses riesigen Bauwerks sind jedoch ausgegraben und anhand eines Planes an Ort und Stelle kann man sich eine gute Vorstellung von der riesigen Kirche machen. Im Museum kann man ein Modell davon betrachten.

Der erste Bau (C. I) stammte aus der Gründungszeit, der zweite (C. II), 981 geweiht, war eine dreischiffige, kreuzförmige Basilika mit langgestrecktem O-Teil (Altarraum, Kapellen, Nebenräume) sowie Vorhalle und Atrium im Westen. Der dritte Bau (C. III), 1089 begonnen, von mächtiger Ausdehnung und gewaltiger Höhe verkörperte gegenüber dem asketischen Charakter des zweiten den Geist einer höchste Machtansprüche vertretenden Hierarchie.

200 Jahre nach ihrer Gründung zählte die Mutterabtei fast 1200 Tochterabteien, und ihre Macht überstieg die der Päpste und Könige. Im 16. Jahrhundert war sie zur Kirchenpfründe geworden

und wurde Opfer der Religionskriege. Die Abtei wurde ausgeplündert und der wertvollsten Werke beraubt.

Es besteht die Möglichkeit, die Reste der Abtei zu besichtigen. Letzteres war uns leider nicht mehr möglich, da sie in der Mittagszeit geschlossen war und wir dadurch nicht zwei Stunden verlieren wollten, denn wir wollten abends nicht allzu spät in L. eintreffen.

Nachdem wir eine ganze Weile gefahren waren, bekamen wir plötzlich Durst und beschlossen, deswegen eine Autobahnraststätte aufzusuchen. Helmut fuhr dabei direkt vor der Raststätte gegen einen Baum, was zur Folge hatte, daß die ganze vordere Verkleidung des VW Golf herunterfiel. Es stellte sich dabei aber zum Glück heraus, daß das Auto trotz dieses Schadens noch gefahren werden konnte. So gelangten wir damit gegen 19.00 Uhr nach L.

Für den nächsten Morgen hatte ich um 10.00 Uhr einen Termin mit der Copropriété vereinbart, die mir eine Bescheinigung ausstellen mußte, die ich der Notarin am Mittwoch vorlegen sollte. Als ich mich nach Cannes auf den Weg machen wollte, sagte Helmut, das Auto spränge nicht an. So entschloß ich mich, mit dem Bus zu fahren. An der Bushaltestelle waren allerdings sämtliche Fahrpläne abgerissen. Eine Dame informierte mich darüber, daß der nächste Bus um 10.15 Uhr führe. Außerdem war für Cannes ein Busstreik angekündigt.

Da ich mit dem Bus um 10.15 Uhr nicht rechtzeitig nach Cannes gelangt wäre, kehrte ich zur Wohnung zurück und stellte fest, daß Helmut mit dem Auto verschwunden war. Es ist also doch noch angesprungen und er ist damit zur Werkstatt gefahren, um die Verkleidung befestigen zu lassen. Ich sprach ein junges Ehepaar an, ob sie mich nach Cannes mitnehmen könnten. Da sie dies ablehnten, mußte ich schließlich ein Taxi nehmen. Die Hausmeisterfrau, die mich gerade kommen sah, bestellte das Taxi für mich. Damit gelangte ich schließlich noch pünktlich zur Résidence Gallia.

Als ich das Büro von Frau Rouge betrat, wurde ein Herr gerade in der gleichen Angelegenheit von ihr bedient, was zur Folge hatte, daß ich noch eine Zeitlang warten mußte. Nachdem meine Zahlen ebenfalls errechnet waren und ich alles beglichen hatte, wurde mir die nötige Bescheinigung ausgestellt.

Anschließend begab ich mich in die Rue d'Antibes, um meine Versicherung zu kündigen. Man forderte mich auf, die Adresse des Wohnungskäufers zu nennen, da es in Frankreich ein Gesetz gäbe, daß man die Versicherung zunächst dem neuen Eigentümer anbieten müsse. Danach lief ich zur Bushaltestelle und stellte fest, daß der Busverkehr nach L. eingeschränkt worden ist. Ich ging in die Bar St. Antoine, um zu telefonieren, denn Helmut mußte eigentlich zu Hause sein.

Ich erreichte ihn tatsächlich und bat ihn, mich in Cannes abzuholen. So gelangte ich schneller nach L. als mit dem Bus.

Helmut hat noch am gleichen Tag meinen privaten Schrank ausgeräumt. Das war gut so, denn zu seinen Halsschmerzen kamen noch Kopfschmerzen, so daß sich bei ihm am nächsten Tag die Grippe einstellte. Wir mußten trotzdem am folgenden Tag – auch ich mit meiner schweren Arthrose – alles so auf- und ausräumen, daß die Wohnung am Mittwoch vom Käufer übernommen werden konnte.

Morgens lief ich zur Maklerin, um mit ihr noch die Frage der Telefonabmeldung zu klären, die sie daraufhin für mich erledigte. Madame Merra telefonierte mit den neuen Eigentümern, um bei ihnen anzufragen, ob wir noch einmal übernachten dürften, um nach dem Notarbesuch nicht sofort nach Hause fahren zu müssen. Sie waren damit einverstanden, daß wir noch eine Nacht blieben, was für uns eine große Erleichterung bedeutete. Madame Merra fuhr mich schließlich noch zur Wohnung zurück, wobei ich feststellte, daß Helmut inzwischen von der Autowerkstatt zurückgekehrt war.

Am Mittwochmorgen erschien das Ehepaar C. pünktlich um 10.00 Uhr zusammen mit der Maklerin, um die Wohnung zu besichtigen. Als alles zu ihrer Zufriedenheit ausgefallen war, begaben wir uns alle zusammen nach Théoule zur Notarin, wo um 11.00 Uhr der Verkauf abgehandelt werden sollte. Als wir kurz vor 11.00 Uhr dort eintrafen, war die Notarin jedoch nicht da. Ihre Sekretärin sagte zu uns, daß sie sich kurz außer Hauses begeben hätte.

Wir mußten eine ganze Weile im Vorraum warten. Die neuen Eigentümer erzählten, daß sie eigentlich eine größere Wohnung hätten kaufen wollen, aber diese sei ihnen zu teuer gewesen. Sie hätten nämlich einen Brief von der Versicherung erhalten, daß sie diese übernehmen sollten. Madame Merra sagte zu ihnen, daß sie jetzt eine größere Nachfrage hätten und erwähnte außerdem, daß es kein Gesetz zur Übernahme der Versicherung durch den Käufer gäbe.

Mit etwas Verspätung traf schließlich die Notarin ein. Als sie die Personalausweise kopierte, blieb sie lange damit weg. Danach wurde der Verkauf aber zügig abgewickelt. Ich bekam auch gleich den versprochenen Scheck ausgehändigt. Schließlich machte ich noch Bilder von den Käufern und der Maklerin. Danach trennten sich unsere Wege.

Ich brachte den Scheck zur Bank und veranlaßte die Überweisung des Geldes nach Deutschland. Dabei stellte ich fest, daß die BNP in L. fast vollständig ausgeräumt war. Nur noch ein Schalter stand zur Verfügung. Anschließend gingen wir noch einmal essen in die Cafeteria. Helmut besorgte das Essen für mich, denn ich war selbst dazu nicht in der Lage. Wir nutzten das schöne Wetter, um noch einmal einen Ausflug an die rote Felsküste zu machen. Mit unseren Klappstühlen hielten wir uns eine ganze Weile an der von mir so oft genutzten Stelle auf. Zum Abschluß setzte ein Hund noch ein Häufchen hinter meinen Stuhl.

Helmut hatte allerdings inzwischen eine schwere Grippe bekommen. Trotzdem mußte die Arbeit gemacht werden. Am nächsten Morgen brauchten wir etwas länger als beabsichtigt, um alles auszuräumen. Um 9.00 Uhr wollten wir beim Hausmeister für die neuen Eigentümer die Schlüssel hinterlassen. Es wurde 9.20 Uhr, und in diesem Moment tauchten die Käufer auf, nämlich als wir endgültig die Wohnung verließen. Die Rückfahrt verlief unproblematisch trotz Grippe. Übernachtet haben wir wieder im gleichen Hotel in Beaune.

Auszüge aus Gästebüchern

„Wieder einmal meinte der Wettergott es gut mit uns, fast zu gut. Temperaturen von 32° im Schatten waren keine Ausnahme. Darum verbrachten wir unseren Urlaub hauptsächlich faul am Strand, der in der letzten Woche zunehmend voller wurde. Morgen, am 13. Juli 1994, reisen wir ab. Wir grüßen Lotti und Heinz, die im September hierher kommen."

Gerhard, Kathrin und Roswitha Schürmann aus Hamm

„Vom 19.07.-01.08.1994 verbrachten wir (Vater und Sohn) herrliche, fast zu heiße Tage hier in Mandelieu. Pool, Meer und Hinterland gefielen uns sehr gut und entsprachen ganz unseren Vorstellungen."

Christian und Michael Rohowski, Rodenbach b. Hanau

„... kaum gab ROHO (ski) seinen Tip
schon ist der Werner auf dem Trip
zu erkunden auf Napoleons Wegen
welch schönes Land mit Gottes Segen
uns hier erwartet, das war klar,
wenn Chagall, Picasso auch hier war
kommt Heide gleich mit anmarschiert,
weil Blumen, Kunst sie fasziniert
uns wird es schon gefallen hier –
Vin Rouge – Vin Blanc gibt es statt Bier
So war es auch, wir fanden's toll
Die Köpfe sind vom Schauen voll
Das Essen ist hier zu gepflegt

Drei Kilo haben wir zugelegt
Gewandert wird im nächsten Jahr
Dann kommen wir wieder, ganz bestimmt
Gefallen hat es uns fürwahr
Solange noch La santé stimmt"
Mandelieu im Juni 1995
Werner und Heidemarie Oberle aus Mömbris

„Vom 10.07.-16.07.1996 verbrachten wir einen schönen Urlaub. Glücklicherweise hatten wir gutes Wetter und konnten so das Meer genießen. Wir empfehlen jedem, Nice und Monaco zu besuchen. Insgesamt hatten wir viel Spaß, nur stört uns der permanente Lärm von der gegenüberliegenden Straße."
Familie Tadj

„Haben hier zwei wunderschöne Wochen bei angenehmen Temperaturen verbracht! Haben die Gegend verunsichert.
St. Tropez, von dort aus an der Küste zurückgefahren, traumhafte kleine Orte, die man sich unbedingt anschauen muß, St. Raphaël, Fréjus usw.
San Remo (Italien) ist auch sehr sehenswert, dienstags und samstags Markt!
Monaco, der milliardenschwere Traum mit seinen Museen, ein absolutes Muß.
Von dort gleich weiter nach Eze, ein malerisch verträumtes Örtchen oben auf dem Felsen (Romantik pur).
Nizza – klein Italien
Grasse, Altstadt und Parfumherstellung auch sehenswert."
Andrea + Carlo Maino – 31.08.-14.09.1996

„PS: Haben Appartement sauber vorgefunden und mit gutem Gewissen auch sauber wieder verlassen! Rolläden kaputt, linke

Seite geht gar nicht hoch, rechte nur ein Stück, so vorgefunden, kein eigenes Verschulden."

Familie Britta und Jörg Rautmann mit Sven (8 Monate) und
Familie Martina und Rainer Spamer
„... verbrachten ihren Urlaub vom 16. Juni bis 30. Juni hier in Cannes-Marina. Der Urlaub war für alle preiswert und angenehm. Gut, daß der Swimmingpool hinter dem Haus genutzt werden konnte, zum Meer war es doch ziemlich weit ...
Dafür brauchten wir das Auto zum Einkaufen nicht. Platzangst bekommt man im Supermarkt nur am Sonntag!
Der Nachbar scheint eine neue Stereoanlage zu haben, und die Autos halten sich selten an die Geschwindigkeitsbegrenzungen. Unser Auto wurde beim Rasensprengen gleich mit bewässert, allerdings nie vollends gewaschen. Schade!
Unser kleiner Sohn Sven begeisterte sich für das Balkongeländer, nachdem wir es von den Haaren gesäubert hatten. Er klopfte mit viel Ausdauer darauf herum.
Empfehlenswert: Das *Bureau de touriste* in Mandelieu. Es gibt dort eine prima Karte von dieser Gegend, kostenlos.
Bei Regenwetter hat man hier keine Langeweile: Es wird im und am Haus viel gehämmert, gebohrt und geklopft.
Golfbälle vom benachbarten Golfplatz fliegen ab und zu zu uns an den Swimmingpool. Wir haben drei Bälle mitgenommen und nur einer hat Herrn Spamer an der Hand getroffen.
Unverständlich ist, wie unsere Vorgänger die Vollständigkeit des Inventars bescheinigen konnten und bei unserer Überprüfung viele Mängel festzustellen waren.
Trotz allem:
Sonne: gut
Regen: auch
Haus: groß

Wohnung: ausreichend für uns
Parkplatz: nur zweimal besetzt
Swimmingpool: schön kühl
Wir fahren gerne mal wieder nach Frankreich an die Mittelmeerküste!"

„Einen schönen, sonnigen Urlaub vom 18.-26.07.1983 verbrachten die drei Nienburger in dieser sehr elegant und praktisch eingerichteten Ferienwohnung in Cannes-Marina."
Volker Rautmann, Silke Schmidt
„Herzlichen Dank!" *Ina Rautmann*

„Wir, Beate, Jörg, Wulf, Erika und Schnuffel verbrachten unseren Urlaub hier vom 04.09.-25.09.1983.

Die Sonne ließ uns nur zwei Tage im Stich, ansonsten hatten wir ein herrliches Wetter.

Das Meer wurde zum Ende des Urlaubs immer kälter – der Swimmingpool auch. Mit langem Ausschlafen ist hier leider nicht viel, da auch der Gärtner seiner Arbeit nachgehen muß – und wenn es Rasenmähen ist.

Auch die Franzosen kennen anscheinend keine Geschwindigkeitsbegrenzung. Sie rasen hier mit Motorrädern und Autos am Haus vorbei, als wäre es eine Rennstrecke.

Auch Schnuffel hatte hier seine Freude, denn zwei bis drei Tage lang streunte eine junge Katze um das Haus. Sie wurden von irgendwelchen Hausbewohnern angefüttert, die dann abfuhren. Die Katze hatte ein Bein gebrochen und miaute schrecklich laut und *lange* – sehr zum Leidwesen Schnuffel's, der dann auch schreckliche Töne von sich gab.

Hier kann man auch sehr viele Fahrten unternehmen, man muß allerdings ein paar Kilometer in Kauf nehmen.

Mandelieu und La Napoule kann man abends vergessen, da dort die Franzosen sehr früh schlafen gehen. Seinen Schlaftrunk sollte man daher lieber in der Wohnung zu sich nehmen.

Trotz allem war es ein gelungener Urlaub mit viel Aufregung und Abenteuer."

„Einen sehr schönen Urlaub verbrachten wir vom 01.10.-11.10.1983 hier in dieser Wohnung. Wir haben uns in der Wohnung sehr wohl gefühlt. Das Wetter war uns auch hold, wir haben fleißig im Meer gebadet. Mandelieu hat uns nicht so gut gefallen, dafür fanden wir La Napoule viel reizvoller.

Leider mußten wir unseren Urlaub vorzeitig abbrechen, aber wir kommen gerne wieder."

Dieter, Edelgard incl. Holger Witt

„Wir – die Leute von Seite 13 – verbrachten über Ostern 1994 vierzehn schöne und z.T. schon sehr heiße Tage hier in diesem hübschen Appartement.

Unsere Eindrücke unterscheiden sich von den vorhergegangenen 12 Seiten in verschiedenen Beziehungen. Wer fußkrank ist, sollte auf jeden Fall das Auto zum Strand nehmen, für Wanderer empfiehlt sich ein hübscher Spazierweg auf den Hausberg „San Peyre", gleich hinter dem Haus mit einer herrlichen Rundsicht. Im „Häuschen" selbst schlagen wir vor, die tibetanische Bergziege vor den Betten gleich zu Beginn unters Bett zu legen (wir taten es erst, als unsere Butter zur tibetanischen Bergziegenbutter wurde).

Gesamturteil über *Häuschen* und Umgebung *hervorragend*.

Vielen Dank für die Möglichkeit, hier wohnen zu dürfen, sagen die vier Göttinger."

Annegret, Fritz-Ulrich, Martin und Julia Kinzinger
Mandelieu, 24.04.1984

Mandelieu, den 02.05.-17.05.1984

„Bei Nacht und Nebel und strömendem Regen nach einer sehr reizvollen wie auch abenteuerlichen Fahrt durch Tunnel, über Serpentinen und Bergpässe kamen wir angereist.

Nachdem wir uns, bedingt durch zwei Tage Regen, die nähere Umgebung angeschaut hatten, eröffnete sich uns mit zunehmender Wetterbesserung eine herrliche Gegend. Wir konnten dank eines kleinen Reiseführers hervorragende Touren an der Küste wie auch im Inland (Tanneron – Lac de St. Cassien – Grasse) unternehmen. Empfehlenswert: Monaco, Antibes, Cannes und das Esterel-Gebirge mit seiner bizarren Küste.

Auch der Hausberg, San Peyre sollte unbedingt bei gutem Wetter erobert werden. Ansonsten: Fröhlicher Strandurlaub!

Bedingt durch einige Regentage gegen Ende unseres Urlaubs konnten wir uns etwas mehr mit der Wohnung beschäftigen. Wir mußten leider feststellen, daß die Sauberkeit einiger Gäste sehr zu wünschen übrig ließ! Es war eine Generalreinigung angesagt.

Wir hoffen, auch im Sinne nachfolgender Gäste, daß dieser Zustand ein wenig aufrecht erhalten bleibt: Was gleich *bereinigt* wird, bleibt am Ende dann erspart!

Allen *Nachfolgern* wünschen wir einen ebenso schönen und interessanten Urlaub und unserem Gastgeber sagen wir ein herzliches Dankeschön für diesen Aufenthalt!

Die zwei aus Laatzen bei Hannover:"
Arno und Kornelia Leszczynski

Mandelieu, 07.09.-30.09.1984

„Wir – Wulf, Erika und Schnuffel (Hund) verbringen unseren Urlaub zum zweiten Mal hier. Wer nicht unbedingt sich jeden Tag am Strand tummeln möchte, kann auch tolle Fahrten unternehmen, z.B. Hausberg Peyre erklimmen (bei gutem Wetter tolle Aussicht!)

Monaco (wem der viele Rummel nichts ausmacht: Schloß, Kathedrale, Museen – allerdings sehr teuer)

Grasse – Gorges du Loup – Bremefaucol de Vence (tolle Aussicht) – Vence – Tourettes (kleines Dorf, mittelalterlich) – Grasse zurück

Tour quer durch das Esterel-Gebirge – St. Vinaigre erklimmen (618 m) lohnt sich wirklich – zurück durch Fréjus

Promenade Cannes

Menton – Roquebrune (wunderschön, mittelalterlich, enge Gassen) –

Nizza (ab 16.00 Uhr nicht zu empfehlen – Chaos)

Es gibt bestimmt noch mehr, was man mit dem Auto erreichen kann. Dies sind nur kleine Anregungen von uns!

Die Schul(t)zens"

Mandelieeu, 26.05.1985
„Eine lange Strecke fuhren wir
von Deutschland bis zur Côte d'Azur.
Am ersten Tag der letzte Regen,
dann haben wir oft in der Sonne gelegen
in Mandelieu im weichen Sand,
auf Sainte-Honorat am Inselstrand.
Zum Einkauf braucht man wenig Zeit
Ralley-Markt ist gar nicht weit.
In den Städten beim Parkplatz chercher
Taten mir manchmal die Nerven weh.
Doch der Ärger war schnell vorbei,
denn man sah dafür mancherlei.
Die Altstadt von Nice war sehenswert,
dort sind wir zum Essen eingekehrt.
Hohe Palmen und Wasserspiele

Gibt es hier usw. recht viele.
Wir waren auch bei den Monegassen,
der Fürst hat sich nicht sehen lassen.
Zum Fahren war die schönste Route
die Küstenstraße nach Fréjus sans doute.
Nun heißt's: Ade, wir fahren retour
1 000 km nur. „

Arno und Hedwig Kirschke

„Inge hat uns gut geführt, ihr dafür ein Lob gebührt!"

Mandelieu, 15.08.1985

„Nach einem dreiwöchigen Urlaub (nur Sonne!) möchten wir den nachfolgenden Gästen noch einige Tips geben.

Ausflug an den Lac de St. Cassien: schattige Liegemöglichkeiten, interessant auch für Surfer, insbesondere wenn auf dem Meer der ablandige Mistral weht.

Ein Ausflug nach Monaco läßt sich gut mit der Bahn durchführen. Ab Bahnhof La Napoule 9.37 Uhr. Schönere Strecke entlang der Côte d'Azur.

Wer gern sauberes Wasser und nicht ganz so volle Strände liebt, sollte den Kieselsteinstrand zwischen Antibes und Cagnes aufsuchen.

Im Ralley-Markt gibt es frischen Hefeteig (am Kuchenbüfett), der sich hervorragend für selbstgemachte Pizza eignet. (Die Benutzung des Backofens hat uns allerdings einige Überwindung gekostet!)"

Silke und Norbert Schmidt, Bielefeld 12

PS: „Falls jemand in der Wohnung eine Armbanduhr findet, wären wir dankbar, wenn man uns benachrichtigen würde.
Telefon 0521 493364"

Mandelieu, 09.04.1986

„Wir haben nun zwei Wochen Urlaub hinter uns. Es gab viel Sonnenschein, aber während der letzten Tage Regen. Die Wohnung fanden wir angemessen. Der Parkplatz war nur viermal besetzt. Als Landmenschen aus idyllischer Heimat traf uns hier natürlich der Kulturschock: Überall ein Paradies für Auto(s)(-fahrer), kaum ein beschaulicher Spazierweg, die an sich herrliche Landschaft zugestellt mit den modernen Errungenschaften.

Wir haben dennoch einige Stellen für unsere Erholung gefunden und bedanken uns für diese Unterkunftsgelegenheit."

Familie Markus; Ilse, Reiner, Antje, Julia aus Niensetal bei Göttingen

18.03.-31.03.1989

„Bereits am ersten Abend haben wir uns genüßlich an der Lektüre dieses Buches getan und möchten daher auch etwas zur Erweiterung beitragen:

Vom ersten bis zum letzten Tag unseres zweiwöchigen Urlaubes hatten wir herrliches Wetter und haben dies genutzt, die uns wohlbekannte Gegend erneut zu erkunden. Richtig ist allerdings, um es vorweg zu nehmen, daß es einige Dinge in dieser Wohnung zu schütteln, spülen und gründlich zu reinigen gibt. Es fehlt hier so ein bißchen die liebevoll reinigende Hand, ein großer Hausputz, mit allem, was dazu gehört, ist dringend angesagt.

Jedoch die zentrale Lage der Unterkunft ist einfach toll. Nicht nur ein Katzensprung nach Cannes mit seiner schönen Croisette. Sie bietet strandseitig viele Möglichkeiten, einen Tee oder einen Kaffee zu trinken und hinter windgeschützten Glaswänden die Frühlingssonne zu genießen.

Auch mal einen Ausflug nach Grasse, der Parfumstadt, eine Besichtigung bei Fragonard, alles sehr eindrucksvoll.

Ein anderes Mal eine Tour durch das Esterel, am Stausee „Lac de St. Cassien" vorbei, in Fréjus vorläufig endend, die alten römischen Bauwerke anschauend und letztendlich auf der Küstenstraße durch St. Raphaël und Théoule sur Mer, zurück nach Mandelieu. Einfach herrlich, die rote maurische Küste. Unbedingt lohnend ist ein Besuch in Biot. Kurz hinter Cannes gelegen, ein besonders reizvoller alter Ort, auf einer Anhöhe gelegen. Dort kann man die Glasbläserei „La Verrerie de Biot" besichtigen.

Falls Sie nach einer Spaziermöglichkeit suchen, die nicht am Kanal von Cannes-Marina oder seitlich innerhalb der Golf-Gelände entlang führt, schlagen wir Ihnen folgende Richtung vor:

Überqueren Sie nicht nur das Ralley-Markt-Gelände, sondern auch noch die nachfolgende „Avenue de St. Jean" und gehen Sie dann den „Boulevard des Princes" stetig bergan. Eine herrliche Villengegend mit viel Baumbestand, großer Ruhe und schönen Ausblicken tut sich Ihnen auf.

Uns hat es hier in Mandelieu sehr gut gefallen, und wir waren nicht zum letzten Mal hier."

Ernie und Berthold Gundlach aus Göttingen

Juli 1990

„Drei Wochen herrlichen Sonnenschein, Badewetter und viel zu sehen. Oleander, Palmen, Olivenhaine in Hülle und Fülle, einfach überwältigend. Wir haben noch lange nicht alles gesehen und kommen bestimmt gerne wieder.

Das Ziegenfell haben wir gleich unter dem Bett gelassen. Lediglich der Gullydeckel auf der Straße gegenüber hat uns die ersten Nächte oft senkrecht im Bett sitzen lassen.

Ein wunderbarer Urlaub."

Schürmann (Hamm)

Exkursionsmarathon nach Paris
im Herbst 2000
und zu den Gärten der Ile de France

Ich mußte früh morgens um 5.00 Uhr aufstehen, um rechtzeitig von Maintal nach Frankfurt zu gelangen. Sollte dieser Zug ausfallen, dann fällt die Exkursion ins Wasser, so dachte ich im Stillen. Mit dem Taxi gelangte ich ziemlich früh zum Bahnhof Maintal-West und ich hatte Glück, daß der Zug pünktlich eintraf.

Der EC Heinrich Heine nach Paris stand in Frankfurt ziemlich früh für uns bereit. Ich mußte von unserem Dozenten noch die Wagennummer und die Nummern der reservierten Plätze erfragen, um gleich einsteigen zu können. Auf der deutschen Strecke hielt der Zug ziemlich oft, in Frankreich hielt er außer in Forbach und Metz nur noch in Chalon-en-Champagne.

Leider hatte ich mir nichts zu trinken eingepackt. Mein Durst wurde im Laufe der Zeit immer größer, und ich dachte dabei an das Referat, das ich noch am gleichen Tag halten sollte. In Metz bot sich die Gelegenheit auszusteigen, denn der Zug hatte dort 15 Minuten Aufenthalt. Ich machte von dieser Gelegenheit Gebrauch und versuchte, aus einem Automaten ein Getränk zu bekommen. Leider nahm dieser die Zehn-Franc-Stücke nicht an, so daß ich weiter auf dem Trockenen sitzen bleiben mußte. Erst kurz vor Paris kam doch noch ein Getränkewagen bei mir vorbei, wodurch ich endlich zu etwas Trinkbarem gelangte.

Bei der Einfahrt in den Gare de l'Est in Paris wurden wir im Zug auch auf Deutsch begrüßt. Man wünschte uns einen angenehmen Aufenthalt in der französischen Hauptstadt. Innerhalb von sechseinhalb Stunden waren wir mit dem EC in diese Metropole gelangt. Am Gare de l'Est begann das Treppensteigen. Wir mußten zuerst die Stelle finden, an der wir die U-Bahnfahrscheine kaufen konnten. Dies war entweder an einem Automaten möglich, der nur Münzen annahm oder an einem der drei Schalter. Leider waren zwei der drei Schalter geschlossen. So mußten wir uns in eine lange Schlange von Wartenden einreihen und aufpassen, daß sich Franzosen nicht vordrängten.

Im Besitz der Fahrscheine mußte man zunächst eine Barriere passieren. Über endlose Treppen gelangten wir schließlich zu unserer U-Bahn in Richtung „Porte de Clignancourt". Nach nur wenigen Haltestellen konnten wir am „Chateau Rouge" aussteigen. Dort führte eine Rolltreppe nach oben. Wir pilgerten schließlich leicht bergauf zu unserem Hotel, das sich in einem kleinen unteren Winkel der Rue du Chevalier de la Barre befindet. Am Hotel Montmartrois angelangt mußten wir erst einmal zehn Stufen überwinden, um zur Rezeption zu gelangen.

Bei der Zimmerverteilung kam man mir entgegen, da ich mich bemerkbar gemacht hatte, daß ich am gleichen Tag noch mein Referat halten mußte. Ich wurde bald bedient und erhielt zum Glück ein ruhiges Zimmer im Erdgeschoß, denn der Fahrstuhl war kaputt. Das Doppelzimmer zur Alleinbenutzung verfügte sogar über ein Bad. Ich packte nur das Allernötigste aus, da wir uns bereits um 15.00 Uhr in der Hotelhalle treffen sollten, um gemeinsam mit der U-Bahn zum Jardin du Luxembourg zu fahren.

Endlos erschien mir der Weg von der U-Bahnhaltestelle zu diesem wunderschönen Park. Auch mußten wir uns an unheimlich vielen Menschen vorbeibewegen. Den wunderschönen Park mit seinem barocken Palais habe ich dann allerdings unglaublich genossen. Wir haben auch die Orangerie gesehen, und der Dozent überlegte danach, wie wir nun zu den Tuilerien fahren müßten. Da dies schwer herauszufinden war, fuhren wir nach einem weiteren langen Fußweg zur Place de la Concorde, was zur Folge hatte, daß ich mein Referat etwas später halten mußte, da dasjenige über den Place de la Concorde, das mit den Gärten von André Le Nôtre eigentlich nichts zu tun hatte, vorgezogen wurde.

Ich bestand jedoch darauf, mein Referat an der Stelle des ehemaligen Tuilerienschlosses zu halten und war nicht bereit, die ganze Sache von der unteren Seite her aufzuziehen, ganz abgesehen davon, daß es schon beinahe 18.00 Uhr war, bis ich dran kam. Nach meinem Vortrag an Ort und Stelle machten wir noch einen kleinen Rundgang durch den oberen Teil des Gartens, wo ich auf die Veränderungen hinwies, die dieser Teil gegenüber der Gestaltung durch Le Nôtre erfahren hat. Anschließend gingen wir noch zum Palais Royal, worüber unser Dozent kurz referierte. Auf dem Weg dorthin hatte er mein Referat sehr gelobt.

Wir fuhren mit der U-Bahn zum Hotel zurück. Da wir noch etwas Warmes essen wollten, schauten wir uns um, wo wir einkehren konnten. Wir kamen an einem Lebensmittelgeschäft vorbei, wo man Getränke, Käse und Kekse kaufen konnte. Nachdem wir uns dort eingedeckt hatten, gingen wir in ein chinesisches Restaurant, das einen vornehmen Eindruck machte, und setzten uns dort an einen runden Tisch. Plötzlich sagte der Dozent, es wäre ja hier noch teurer. Deswegen verließen alle das Lokal wieder. Ich zog es vor, sitzen zu bleiben, da ich kaum noch laufen konnte. Leider war die Speise, die ich bestellt hatte, unglaublich scharf gewürzt, so daß ich noch etwas zu trinken bestellen mußte. Da ich keinen Nachtisch essen wollte, brachte man mir unaufgefordert die Rechnung. Ich ließ mir noch den Weg zum Hotel beschreiben, denn so ganz genau wußte ich nicht, wo ich einbiegen mußte. Ich verfiel danach in einen tiefen Schlaf, was sehr selten vorkommt. Erst 7.05 Uhr wachte ich morgens auf.

Am Sonntag bekamen wir im Hotel zum Frühstück Café au lait oder Schokolade sowie ein Croissant und ein Brötchen mit Butter und Marmelade. Weibliche Negerbedienung schenkte uns den

Kaffee ein. Überhaupt sahen wir im Stadtteil Montmartre sehr viele Neger, manchmal sogar mehr Schwarze als Weiße, die aus den ehemaligen französischen Kolonien stammen. Mit dem Bus, der in der Nähe des Hotels abfahren sollte, war eine Fahrt in die südliche Ile de France geplant. Der Bus war für 8.00 Uhr bestellt. Um 8.05 Uhr waren aber nur drei Leute da einschließlich mir. Die anderen kamen zwanzig Minuten später.

Allerdings konnte man im Hotel erst ab 7.30 Uhr frühstücken. Der Busfahrer brachte seine Verwunderung darüber zum Ausdruck, daß die Deutschen, die doch für Exaktheit bekannt wären, nicht pünktlich waren. Daß sich bei uns nach dem Zweiten Weltkrieg viel verändert hat, ist den meisten Franzosen nicht bekannt.

Am Schloß Vaux-le-Vicomte kamen wir jedoch eine halbe Stunde zu früh an, da wir nicht solange unterwegs waren, wie man angenommen hatte. So konnten wir uns vor dem Schloß noch etwas entspannen. Als wir erst einmal drin waren, mußten wir viel laufen. Diese in sich geschlossene Anlage imponierte mir ungeheuer, denn Schloß und Schloßpark waren von allen Seiten her überschaubar.

Ich machte viele Bilder und war besonders fasziniert von der Krone auf einem Wasserbecken. Vaux-le-Comte war der erste von André le Nôtre geschaffene Barockgarten und ist von entscheidender Bedeutung für die Entwicklung des klassischen französischen Gartens. Von 1656-1661 hatten Le Vau, Le Brun und und Le Nôtre, unterstützt von einem relativ großen Künstlerstab, erstmals die Möglichkeit, bei einer absoluten Neuschöpfung ihre Idealvorstellungen zu verwirklichen. Sie mußten keine Rücksicht auf eine ältere Anlage nehmen und hatten nahezu unbegrenzte Geldmittel zur Verfügung.

Der Busfahrer interessierte sich für den Exkursionsführer. Ich habe ihm diesen geliehen und dabei auf die schriftliche Ausarbeitung meines Referats hingewiesen. Am frühen Nachmittag fuhren

wir weiter nach Courance. Dieses Schloß befindet sich 50 km süd-
lich von Paris, in der Nähe von Fontainebleau. Der Name
Courance kommt aus dem Altfranzösischen von dem Verb „cou-
rir" und bedeutet fließendes Wasser. So ist es nicht verwunderlich,
daß in Courance eine Vielzahl von Quellen entspringen, welche
Teiche, Bassins und Wasserfälle versorgen. Die Anwesenheit des
Wassers und das Rauschen geben dem Park Courance all seinen
Charme. Beim Betrachten dieser Schloßanlage von Ludwig XIII.
wurde ich an die Wasserschlösser in Westfalen erinnert. Auch
wurden wir auf Sturmschäden vom letzten Winter aufmerksam
gemacht. Dabei liefen wir dem jetzigen Eigentümer über den Weg,
einem Adligen, der sich gerade mit Besuchern dort aufhielt. Auch
viele Maler fielen uns im Park von Courance auf.

Bei Courance handelt es sich um keine in sich geschlossene
Anlage, die man von allen Seiten überblicken kann, wie es in
Vaux-le-Vicomte der Fall ist. Wir sind sehr viel gelaufen, auch in
Courance. Über die etwas versteckten Wasserparterres gelangten
wir schließlich noch zu einem japanischen Garten, der allerdings
erst im 20. Jahrhundert entstanden ist.

Auf der Rückfahrt durfte ich im Bus ein Solo singen und zwar
über das Mikrophon: „Sur le pont d'Avignon, on y danse, tout en
ronde"; „Sah' ein Knab ein Röslein stehn" sang ich ebenfalls und
„Im schönsten Wiesengrunde", davon nur jeweils die erste Stro-
phe, da mir keine weiteren französischen Lieder einfielen. Schließlich kam ich noch auf die Melodie von „Marlbrough s'en va-t-en
guerre". Ich stimmte das Lied kurz an, kam aber wegen mangeln-
der Textkenntnisse damit nicht weit. Vor mir hatte eine ebenfalls
ältere Studentin das Lied „Au claire de la lune" gesungen, das mir
auch bekannt ist. Gegen Ende unserer Fahrt konnten wir noch die
angestrahlte Kirche „Notre Dame" von weitem bewundern.

Abends ging ich in ein einfaches, sehr preiswertes Restaurant
allein essen. Dabei mußte ich ganz laute Musik über mir ergehen

lassen, moderne französische Schlager, leicht verhottet. Es dauerte ziemlich lange, bis ich mein Essen komplett serviert bekam. Nach dem Essen entschloß ich mich abends um 10.00 Uhr noch, zur Kirche Sacre Coeur hochzulaufen. Sie war nicht weit vom Hotel entfernt. Im Hotel riet man mir an der Rezeption, meine Tasche unter der Jacke zu tragen, damit mir niemand etwas stehlen kann.

Ich folgte seinem Ratschlag und begab mich viele Treppen hoch zur angestrahlten Kirche aus dem 19. Jahrhundert. Die weiße Kirche ist eine Mischung aus Neuromanik und Moschee, denn sie besitzt drei Kuppeln. Sie wurde in den Jahren 1876-1910 nach Plänen von Paul Abadie erbaut. Dieser Diözesanbaumeister von Paris prägte mit romanisch-byzantinischen Formen den französischen Historismus. Vor der Kirche hielten sich etliche Touristen auf. Ich hatte die Möglichkeit, nach 22.00 Uhr noch die Unterkirche zu besichtigen. Dort wurde gerade eine Messe abgehalten.

Leider hatte ich mir den Weg nicht genau gemerkt, der zum Hotel zurückführte, so daß ich ziemlich lange herumirrte, bis ich endlich die richtige Stelle fand, die mich nach dort zurückbrachte. Dabei wäre es so einfach gewesen, diese Stelle zu finden, wenn ich sie mir richtig gemerkt hätte. Ich bin nämlich ein paarmal daran vorbeigelaufen. Ich sprach drei Angestellte eines Restaurants an, die mir leider nicht die richtige Auskunft gaben. „Elle n'a pas peur", sagten sie zu mir. Ich sprach noch eine Dame an, als ich zu weit gelaufen war. Sie erklärte mir den Weg richtig. Aber ich mußte noch zweimal fragen, bis ich sicher war, die richtige Richtung eingeschlagen zu haben.

Schließlich wurde ich von zwei Engländerinnen angesprochen, die mich fragten, wo ich herkomme. „From Germany", sagte ich. Sie selber kamen aus York. „Where are you from", fragten sie mich ein zweites Mal. „From Germany", antwortete ich wieder. Wofür sie mich wohl gehalten haben, das frage ich mich.

Es stellte sich heraus, daß sie im gleichen Hotel wohnten. So gingen wir zusammen dorthin. Danach habe ich sie aber nie mehr gesehen.

Das ruhigste Zimmer ist allerdings nur dann wirklich ruhig, wenn man ruhige Zimmernachbarn hat. Das Ehepaar nebenan unterhielt sich sehr laut. Ich klopfte nach 22.00 Uhr fünfmal an die Wand. Dies nützte aber leider nichts. Erst als ich zehnmal klopfte, kehrte wirklich Ruhe ein.

Am nächsten Tag fuhren wir wieder mit dem Bus. Diesmal waren wir pünktlicher. Die Fahrt ging in den Norden der Ile de France und zwar nach Chantilly. Zunächst wurde in der Stadt gehalten, um Geld zu wechseln und einzukaufen. Ich zog es vor, im Bus zu bleiben, denn ich war vom vielen Laufen schon müde geworden.

Der Himmel hing voller schwarzer Wolken, als wir am Schloß Chantilly ankamen. Aber es blieb zunächst trocken. Chantilly ist ein sehr eigenwilliger Bau mit einem unregelmäßigen Grundriß. Dazu gehört aber auch ein von André Le Nôtre angelegter barokker Garten. Zur gleichen Zeit als Le Nôtre am Garten von Versailles zu arbeiten beginnt, ruft ihn der Grand Condé nach Chantilly und beauftragt ihn mit dem Bau eines neuen Gartens für sein Schloß. Anders als in Versailles hatte Le Nôtre bei Chantilly keine Auflagen, was die Kosten anging. Er konnte also frei planen. Der Bau aller Gärten von Le Nôtre in Chantilly dauerte fast 20 Jahre.

Beim Beginn seiner Planung nutzte Le Nôtre die schöne Aussicht, die man von der Terrasse des Schlosses aus auf die Wiesen der Umgebung hatte. Er wählte nicht, wie sonst üblich das Schloß als Ausgangspunkt der Achse des Gartens, das sich durch seinen unregelmäßigen Grundriß außerdem nicht als Achsenmitte eignete. Diese Plazierung des Schlosses an der Seite der Hauptachse des Gartens ist ungewöhnlich und einzigartig in Frankreich, denn der

Garten scheint fast eine wichtigere Position in der Landschaft einzunehmen als das Schloß.

Nach den Referaten begaben wir uns in ein Zelt mitten im
Wald, wo wir gemeinsam zu Mittag aßen. Anschließend fuhren wir
weiter nach Ermenonville. Bei strömendem Regen begaben wir uns
am Schloß vorbei in den Parc Jean-Jacques Rousseau (1712-1778),
der hier seine letzten Lebenswochen verbrachte Der Marquis de
Girardin, der Gönner von Rousseau hatte auf einer Englandreise
die berühmtesten englischen Anlagen sorgfältig studiert. So wurde
die Landschaft um das alte Schloß mit seinen formalen Gärten und
den angrenzenden Ländereien in eine Parklandschaft verwandelt.

Eine ganze Weile beteiligte ich mich noch am Durchwandern
dieses Landschaftsgartens auf matschigen Wegen. Als es bergauf
ging, mußte ich jedoch abbrechen, denn es ging über meine Kräfte.
Ich ging zum Bus zurück, wo wir noch eine Weile warten mußten,
bis die anderen von ihrem langen Marsch zurückkehrten.

Es war vorgesehen, daß wir noch zum Schloß Marly-le-Roi
fahren, das z.T. rekonstruiert worden ist. Der Fahrer sagte, daß es
in diesem Fall sehr spät werden würde, bis wir zum Hotel zurück-
kämen. Nun, wir sind von Ermenonville zu spät weggekommen. Es
wurde darüber abgestimmt, wer gleich zum Hotel zurückfahren
möchte. Da sich eine Mehrheit dafür fand, kamen wir leider nicht
nach Marly-le-Roi, was ich sehr bedauerte. Im Hotel verspeisten
wir abends noch die für das vorgesehene Picknick eingekauften
Vorräte, das wegen schlechten Wetters leider ausfallen mußte.

Es herrschte an diesem Abend zwischen 22.00 Uhr und 24.00
Uhr im Hotel leider keine Ruhe. Jugendliche knallten auf dem
Flur vehement mit Türen und unterhielten sich laut auf dem Flur.
Als Frau wagte ich mich um diese Zeit nicht aus dem Zimmer her-
aus. Zwei Stunden ertrug ich dies alles zähneknirschend. Am
nächsten Morgen erzählte mir mein Zimmernachbar, daß er um

Mitternacht die Rezeption angerufen hätte, um dem Treiben Einhalt zu gebieten.

Als Nächstes stand für uns Versailles auf dem Programm. Dafür hatte ich mir am Tag zuvor bereits an der U-Bahn die Fahrscheine besorgt. Wir fuhren mit der S-Bahn dorthin und mußten vom Bahnhof aus noch ein ganzes Stück laufen, um zum Schloß zu gelangen. Ich benötigte unbedingt noch einen Film, um im Schloßbereich Bilder machen zu können. Eine freundliche Dame erklärte mir, wo sich das Fotogeschäft befindet. Dort bekam ich meinen Film sofort, mußte aber das Doppelte dafür bezahlen wie in Deutschland.

Am Schloßeingangsbereich angelangt mußte ich noch viel Kopfsteinpflaster überwinden, um zu den Gebäuden zu gelangen. Das ist mir sehr schwer gefallen. Der Eintritt in den Park ist frei. An einer Gebäudeecke stand der Dozent, der schon viel früher dort angekommen war, um uns auf den Treffpunkt hinzuweisen.

Versailles: Symbol einer Macht oder: Die Macht eines Symbols? Nicht nur gegen den Rat einflußreicher Hofleute, wie zum Beispiel Finanzminister Colbert, sondern auch gegen die Widerwärtigkeiten der Natur, setzte sich die Entschlossenheit Ludwig XIV., Herrscher über den damals mächtigsten Staat Europas durch, ein Symbol seiner Macht zu schaffen. Zu Zeiten Ludwigs XIV. war Versailles die steingewordene Inkarnation absolutistischer Machtentfaltung und Selbstdarstellung. Die Macht dieses Symbols hielt bis in das letzte Jahrhundert an.

Wir begaben uns zunächst zur Orangerie mit dem großen Orangerieparterre, das mit seiner großzügigen regelmäßigen Gartenanlage einmalig schön ist. Auch hatten wir die Möglichkeit, das derzeit leere Orangeriegebäude zu betreten. Um 11.00 Uhr sollten wir durch die Bosquets geführt werden. Vorher konnten wir noch ein wenig die große zentrale Gartenanlage von Le Nôtre mit den Wasserparterres bewundern.

Unsere Führerin traf pünktlich ein und führte uns anschließend zu den Bosquets, die alle von ihr aufgeschlossen werden mußten. Dies war ein großartiges Erlebnis, denn ich war nicht darauf vorbereitet, was uns dort erwarten würde. Wir wurden in eine ganz andere Welt versetzt: In das Bosquet der Apollobäder, das Encelade-Boskett, den Ballsaal, die Kolonnade und das Sternbosquet. Diese Anlagen befinden sich in runden, in sich geschlossenen Gartenteilen. Auf den Wegen zu diesen Bosquets kamen wir an Wasserbecken mit vergoldeten Figuren vorbei.

Ich fing schon an hinterherzuhinken, denn das ganze Pensum mit französischer Führung mußte in einem Höllentempo absolviert werden, da unsere Führerin um 13.00 Uhr schon wieder eine andere Verpflichtung hatte. Ich wollte unbedingt zu Mittag einkehren. Man verwies mich auf ein Restaurant inmitten des großen Parks. Dort hält auch die kleine Eisenbahn, die einen zum Schloß zurückbringt. Als ich dort speiste, entdeckte mich eine der Kommilitoninnen. Ich sagte ihr Bescheid, daß ich am Nachmittagsprogramm der Gruppe leider nicht teilnehmen könnte, da ich nicht mehr laufen konnte. Nach dem Essen fuhr ich mit dem Bähnchen zurück zum Schloß.

Ich erstand in der Buchhandlung einen schönen dünnen Bildband über das Schloß einschließlich der Gartenanlage. Ich machte noch ein paar Fotos und erkundigte mich wegen einer Schloßführung. Um 16.00 Uhr fände die letzte Führung statt, erklärte man mir. Ich begab mich zu Fuß wieder zurück zum Bahnhof, ging aber vorher noch bei der BNP vorbei, um mich mit Geld zu versorgen. Schräg gegenüber dem Bahnhofsgebäude kehrte ich noch einmal ein, um Crêpes zu essen und einen Kaffee zu trinken. Ich wurde gut bedient und war genauso wie mittags mit den Speisen sehr zufrieden.

Mit dem nächsten Zug fuhr ich nach Paris zurück und begab mich dort sofort zum Hotel. An den Tag der deutschen Einheit hatte ich nicht gedacht, denn wir schrieben den 3. Oktober 2000 – zehn Jahre deutsche Einheit. Ich beschloß, in die Badewanne zu steigen, um mich nach dem anstrengenden Tag zu entspannen. Lange war ich darin jedoch nicht glücklich, denn ich stellte plötzlich Wasser auf dem Badezimmerfußboden fest, wußte aber nicht, wo es herkam. So mußte ich wohl oder übel mein Entspannungsbad frühzeitig beenden, um der Ursache des Schadens nachzugehen.

Ich stellte fest, daß das Wasser aus der Toilette kam. Ich versuchte es mit dem Papierkorb aufzufangen, was mir jedoch nur teilweise gelang. Das Wasser war schon bis zum Teppichboden des Zimmers vorgedrungen. Ich zog mich an und lief zur Rezeption, auch weil schon wieder mit Türen geknallt wurde. Erst beschwerte ich mich über den erneuten Krach. Zwei Jugendliche standen an der Rezeption. Man informierte mich darüber, daß diese jugendlichen Schweizer für den Krach verantwortlich seien. Ich könnte Deutsch mit ihnen sprechen. Schwyzer Dütsch verstehe ich auch, sagte ich zu ihnen und beschwerte mich über ihr unmögliches Verhalten. Sie sagten dazu keinen Ton, aber es herrschte von da an Ruhe.

Gleich meldete ich auch den Wasserschaden in meinem Zimmer. In zehn Minuten würde man mir deswegen jemanden vorbeischicken, bekam ich zur Antwort. Tatsächlich waren die Handwerker schon in sieben Minuten da. Das Wasser käme von allen Seiten, sagte man mir. Es wäre schon zur Garage durchgedrungen. „Vous pouvez tourner le robinet", sagten sie zu mir. „Non, je n'arrive pas", erwiderte ich. „Nous allons le réparer", sagten sie dann, was fünf Minuten später erfolgte. Mit „au revoir, Madame" verabschiedeten sie sich danach, und ich hatte für die restliche Zeit eine gut funktionierende Toilette.

Meiner Müdigkeit hatte ich es zu verdanken, daß ich zum Zeitpunkt des Eintretens des Wasserschadens in meinem Zimmer war.

Wäre ich nicht dagewesen, dann hätten wahrscheinlich meine Schuhe unter Wasser gestanden, die sich unter dem Tisch auf dem Teppichboden befanden. Da ich keinen Wecker dabei hatte, ließ ich mich im Hotel telefonisch wecken. Dies klappte jedoch nicht besonders gut. Ich wurde fast jedesmal eine Viertelstunde zu spät geweckt. Einmal weckte man mich eine Stunde zu früh.

Am 4.10. fuhren wir noch einmal nach Versailles. Da ich kaum noch laufen konnte, nahm ich vom Bahnhof Versailles ein Taxi, um zum Schloß zu gelangen. Leider durfte das Taxi nicht direkt an das Schloß heranfahren. Schon der Bereich weit vor dem schmiedeeisernen Tor war für Taxen gesperrt. So mußte ich ein zweites Mal das Kopfsteinpflaster bewältigen. Ich zog mir dazu Turnschuhe an, dennoch war es eine unglaubliche Quälerei. Wir trafen uns an der gleichen Stelle wie am Tag zuvor und ich berichtete den anderen über meinen Wasserschaden.

Um 10.15 Uhr marschierten wir alle zum großen Trianon. Ludwig XIV. kaufte um 1668 das ärmliche Dorf „Trianon", obwohl weder das Schloß noch die Gärten von Versailles vollendet waren. Trianon lag an der Nordostseite des Parks, nahe dem Querarm des Kanals. Er ließ das Dorf abreißen; da ihm jedoch der klangvolle Name gefiel, übernahm er ihn für seine Bauten. Seit dieser Zeit steht „Trianon" für Eremitage oder Einsiedelei. Das heutige „Grand Trianon" wurde 1687/88 erbaut.

Nach den Erklärungen vor Ort ging es weiter zum kleinen Trianon. Um den Weg von und zum Grand Trianon nicht mehr zurücklegen zu müssen, ließ Ludwig XIV. 1750 den „Pavillon Française" errichten, der 1762-64 durch das Petit Trianon ersetzt wurde. Dort machten wir eine Mittagspause von nur einer halben Stunde. Es bestand keine Möglichkeit, irgendwo einzukehren. Nur eine Toilette war in der Nähe. Dort konnte man ein paar Schlekkereien einkaufen, z.B. Mars oder etwas Kuchen. Für drei Kleinigkeiten bezahlte ich 30 F. Da es weit und breit keine Sitzgelegenheit gab, nahm ich meine Regenhaut und machte mich darauf auf der Wiese breit. Zum Glück regnete es nicht, obwohl es sehr trübe war.

Nach der Pause begaben wir uns zum künstlich angelegten Dörfchen Hameau. Dort versuchten die Angehörigen des Hofes das Landleben zu praktizieren. Dieses Dorf entstand 1782/83 und besteht aus zwölf strohgedeckten Häusern. Es war als funktionierender landwirtschaftlicher Betrieb konzipiert. Es gab eine Wassermühle, eine Molkerei, ein Taubenhaus, eine Scheune, die als Ballsaal zu benutzen war (existiert nicht mehr), den Marlborough-Turm, in dem auch eine Fischerei untergebracht war und ein Bauernhaus. Auf den Weiden grasten Kühe, Schweine, Ziegen und Schafe. Die Königin hatte sich in ihrem Dorf ein Haus bauen lassen, das äußerlich zu den übrigen paßt, innen aber dem Standard einer königlichen Behausung angemessen prachtvoll ausgestattet ist. Marie-Antoinette spielte Gutsherrin, wenn sie sich, schlicht gekleidet und mit einem einfachen Strohhut auf dem Kopf im Hameau aufhielt und die Tiere auf der Weide und das dörfliche Alltagsleben betrachtete.

Nach ein paar Erklärungen machte ich mich von dort allein auf den Weg zum Schloß, das ich noch besichtigen wollte. Ich konnte aber kaum noch laufen. Als sich die kleine Eisenbahn mir näherte, ging ich zum Fahrer und bat ihn darum, mich noch mitzunehmen. Ich sagte ihm, daß ich schwerbehindert sei und kaum noch laufen könne. „Je vous donne 12 F", sagte ich zu ihm. Er zögerte erst, entschloß sich dann aber doch, mich mitzunehmen. Auf der Fahrt wurde der Versailler Vertrag aus dem Jahr 1919 erwähnt. Von der Gründung des Deutschen Reiches, die im Jahr 1871 in Versailles erfolgte, war jedoch nicht die Rede.

Als ich am Schloß aus dem Bähnchen ausstieg, ging ich zum Fahrer, um meine 12 F zu bezahlen. Er nahm jedoch nichts von mir an. Ich bedankte mich noch ganz herzlich bei ihm. Mit einer

Führung durch das Schloß hatte ich jedoch kein Glück mehr. Zuerst sagte man mir, daß um 16.00 Uhr keine Führung stattfände. Ich könnte aber mit einer Kassette allein durch die Räume gehen. Diese Kassette gab es auch auf Deutsch. Ich kam damit nicht gut zurecht, hörte aber die Erklärungen zum Bett Ludwigs XIV. Plötzlich funktionierte sie nicht mehr. Man brachte mir sofort eine neue. Plötzlich wurde ich in die große Spiegelgalerie hineingeleitet, konnte mich aber nur an deren Rand entlang bewegen. Richtig hinein durfte ich nicht. Dazu müßte ich den Trakt verlassen und von der anderen Seite wieder ins Gebäude hineingehen. Für mich war das schwierig zu finden. Eine Dame von der Aufsicht erklärte mir das aber genau und wies mich darauf hin, daß das Schloß nur noch bis 17.00 Uhr geöffnet sei.

Vor meiner Besichtigung hatte ich noch erfahren, daß man sich für eine Führung rechtzeitig hätte anmelden müssen. Mehr als dreißig Personen durften daran nicht teilnehmen, und diese Zahl wäre bereits für die Führung um 16.00 Uhr erreicht, sagte man mir noch.

Auf meinem Weg zu den Grands Appartements kam ich an der Schloßkapelle vorbei. Den Spiegelsaal habe ich diesmal sehr genossen. Er ist mit goldfarbenen Kandelabern und mit Kristallüstern ausgestattet worden. Mit den brennenden, wenn auch elektrischen Kerzen war dies ein unvergeßliches Erlebnis für mich.

Um zum Bahnhof zu gelangen, mußte ich nochmals das Kopfsteinpflaster bewältigen. Als ich dies überstanden hatte, sah ich nirgendwo Taxen. Deshalb sprach ich eine Autofahrerin an, die gerade vor einer Ampel wartete. Ich sagte zu ihr, daß ich schwerbehindert sei und nicht mehr laufen könne. Sofort war die freundliche Dame bereit, mich mitzunehmen. Sie fragte mich, zu welchem Bahnhof ich denn möchte, denn es gäbe drei in Versailles. Ich erklärte ihr, wo sich dieser befindet. Sie begriff es sehr schnell und fragte mich unterwegs, was ich alles besichtigt hätte. Ich erzählte ihr, daß wir eine Gruppe von Studenten seien, die die Schloßgärten von André Le Nôtre besichtigten. Dies interessierte sie sehr, aber wir waren so schnell am Bahnhof, daß ich ihr leider nicht viel darüber erzählen konnte. Ich bedankte mich recht herzlich bei ihr für ihre Hilfsbereitschaft. Auf einem der Bahnsteige stand schon ein Zug nach Paris bereit. In diesem Zug befanden sich viele Englisch sprechende Besucher. Um zur Haltestelle Château Rouge zurückzugelangen, mußte ich einmal umsteigen. Bevor ich mich jedoch ins Hotel zurückbegab, ging ich in unserem Stadtteil noch in ein einfaches türkisches Lokal essen.

Für den vorletzten Tag unserer Exkursion waren Parks in Paris vorgesehen. So fuhren wir zunächst zum Parc St. Cloud. Ich benutzte für das letzte Stück den Bus und konnte danach kaum noch laufen. Der Weg zum Park war nämlich auch von der letzten Bushaltestelle noch recht weit. Ich schaffte es noch, zur barocken Gartenanlage zu gelangen, die auch von André Le Nôtre gestaltet worden ist. Dieser wurde 1665 mit dem Umbau des zu der Zeit bereits vorhandenen Gartens beauftragt. Bei der Anlage von Saint-Cloud bestand die Herausforderung darin, ein hügeliges, zur Seine stark abfallendes Terrain zu beherrschen und auf diese schwierige Landschaft abgestimmte Perspektiven anzulegen.

Dann sagte ein Student zu mir, daß ich ja dort auf einer Bank warten könnte. Sie kämen wieder, um mich dort abzuholen. Nur eine Uhrzeit war nicht vereinbart worden. Geduldig wartete ich dort ca. zwanzig Minuten. Die Gruppe kam jedoch nicht zurück. Es tauchten Leute mit frei herumlaufenden Hunden auf, die sich mir näherten. Plötzlich befanden sich die beiden Hunde ganz in meiner Nähe. Ich bekam Angst und lief weg, denn die Hundebesitzer taten nichts, um die Tiere von mir fernzuhalten. Ich mußte also aufbrechen und konnte nicht mehr länger auf die Gruppe warten. Ich hatte Mühe, den Ausgang zu finden. Ich erkundigte mich schließlich, wie ich zum Parc Citroën käme, der als nächstes besichtigt werden sollte. Da ich das Gefühl hatte, wieder viel laufen zu müssen, um in diesen Park zu gelangen, verzichtete ich darauf, dorthin zu fahren.

Ein Bus, der das Ziel „Opéra" anzeigte, stand bereit. Ich entschloß mich, in diesen einzusteigen. Beinahe eine Stunde war ich unterwegs, bis ich zum Opernplatz gelangte. Auf der Fahrt kam ich am Arc de Triomphe de l'Etoile vorbei. An dieser Stelle hatte ich einen Blick in die große Sichtachse bis hin zu den Tuilerien aus der Gegenrichtung. Viel konnte ich jedoch nicht sehen, außer dem Riesenrad, das am Rande des Place de la Concorde aufgebaut war.

Am Opernplatz angelangt, warf ich gleich einen Blick auf das Gebäude der Oper von Charles Garnier. Ich war fasziniert von diesem Wunderwerk des Historismus, einem neubarocken Bau, der in den Jahren 1878-81 errichtet wurde. An der renovierten Fassade entdeckte ich die Namen vieler Komponisten, darunter auch die von Mozart und Beethoven. Ich machte Bilder und entschloß mich, in ein Restaurant am Opernplatz essen zu gehen. Dort war ich zunächst fasziniert vom historischen Ambiente aus dem vorigen Jahrhundert. Auch hatte ich den Eindruck, mich in einem vornehmen Restaurant zu befinden.

Ich wurde aber, vielleicht weil ich alleine war, an einen kleinen Tisch in einer Ecke plaziert. Im großen und ganzen wurde ich aber gut bedient. Mit der Qualität des Essens war ich jedoch weniger zufrieden. Der Apéritif schmeckte mir nicht und der Kartoffelbrei war zerlaufen. Ich machte noch zwei Innenaufnahmen und die Bedienung sagte schließlich zu mir, daß ich die Rechnung als Andenken aufheben könnte.

Nach dem Essen machte ich mich auf den Nachhauseweg. Kaum im Hotel angelangt, legte ich mich ins Bett, um für den Besuch der Oper am Abend fit zu sein.

Meine Eintrittskarte hatte ich von unserer Gruppe bekommen. Leider waren es nur Karten für umgerechnet knapp DM 10.00 im vierten Rang. Auf dem Programm stand das Ballett Raymonda von Alexander Glasunow.

Meine Garderobe für die Oper hatte ich in meinem kleinen Rollkoffer mitgenommen: einen leichten schwarzen Plisseerock, eine weiße Bluse und meine schwarz-silberne Stola, die ich vor sehr langer Zeit bei Karstadt erworben hatte. Ich machte mich allein auf den Weg zur Opéra, die kurz nach meiner Ankunft ihre Tore öffnete. Ich erkundigte mich nach einem Fahrstuhl und bekam zur Antwort, es gäbe hier keinen.

Gleich fielen mir neben den Namen französischer Komponisten auch die Namen Bach und Händel im Eingangsbereich der Oper auf. Ich pilgerte zunächst zum ersten Stock hoch, wo ich allerdings einen Fahrstuhl mit einem sehr altmodischen Gehäuse entdeckte. Es stellte sich jedoch dabei heraus, daß dafür jemand benötigt wurde, der ihn in Betrieb setzte. Dabei hatte ich Vorrang vor den anderen: „Nous allons d'abord au quatrième et aux autres après", sagte der junge Mann, der uns im Fahrstuhl begleitete. Im vierten Stock gab es jedoch keine richtige Garderobe. Man konnte aber dort seine Jacke unbeaufsichtigt hinhängen. Als ich meinen Platz einnahm, drückte man mir als Einzige aus unserer Gruppe ein kleines Programm in die Hand, das alle wichtigen Informationen enthielt. Nun, die anderen hatten sich nicht vornehm angezogen.

Von der Ballettaufführung in historischen Kostümen bei wenig Bühnendekoration war ich begeistert. Die Ouvertüre erweckte bei mir zunächst Assoziationen an Wagner und später an Tschaikowsky. Von meinem Klappsitz, der ziemlich unbequem war, hatte ich eine relativ gute Sicht auf ungefähr Dreiviertel der Bühne. Nach den Pausen wechselten manche meiner Kommilitoninnen jedoch die Plätze. Als die Vorstellung schon wieder begonnen hatte, stand meine linke Nachbarin plötzlich auf, um einen anderen Platz einzunehmen. Auch fing sie an, sich während der Vorstellung mit ihrer neuen Nachbarin zu unterhalten. Ich brachte mein Mißfallen darüber zum Ausdruck und bat um Ruhe.

Nach der Aufführung hätte ich die Möglichkeit gehabt, mit den anderen Studenten und dem Dozenten noch irgendwo einzukehren und zusammenzusitzen. Ich zog es jedoch vor, ins Hotel zurückzukehren, wo ich spät abends gegen Mitternacht noch meine Sachen zusammenpacken mußte, um sie gleich nach dem Frühstück an der Rezeption deponieren zu können. Beim Frühstück hatte ich meistens mit einer anderen älteren Studentin am Tisch gesessen und mich angeregt unterhalten. Danach haben wir uns jedoch aus den Augen verloren.

Am Abreisetag mußten wir vormittags noch unser Programm absolvieren. Wir fuhren zunächst zum „Jardin des Plantes". Dieser botanische Garten entstand unter Ludwig XIII. Die ersten Gebäude wurden 1635 errichtet, und 1650 wurde der Garten der Öffentlichkeit zugänglich gemacht, in dem ca. 2 700 Pflanzenproben zu besichtigen waren. Guy Crescent Fagon, der erste Arzt Ludwigs XIV. ab 1693, vergrößerte den Garten, ließ zwei beheizte Gewächshäuser bauen und ein Hörsaalgebäude mit 600 Plätzen konstruieren, in dem Chemie unterrichtet werden sollte. Unter George Louis Buffon (1707-1768), der von 1739 an Intendant des Gartens war, wuchs der Jardin Royal weiter von sieben auf siebzehn Hektar und erhielt seine heutige Nordostausdehnung bis zum Seineufer.

Dort wurde noch einmal referiert. Nach einer kurzen Mittagspause von einer halben Stunde, in der ich auf einer Bank meinen Proviant verzehrte, machten wir uns auf den Weg zum Cimitière du Père Lachaise, einem berühmten Friedhof. Er heißt offiziell Cimitière de l'Est und ist mit ca. 43 Hektar der größte der innerstädtischen Friedhöfe. Erst 1804 wurde das Grundstück von der Stadt Paris erworben, um es zu einem Friedhof umzugestalten.

Das Anwesen, das 1626 von den Jesuiten gekauft wurde, ist von ihnen unter der Anleitung von Père François d'Aix de la Chaize, der hier ein Landhaus hatte, im Laufe der Zeit nach dem Vorbild von Versailles verschönert worden. Sie legten Haine, Wasserfälle und Teiche an, bauten große Herrenhäuser und eine Orangerie. Sonntags wurde der Mont-Louis von den Parisern mit der Kutsche oder zu Pferd besucht; manchmal konnte man hier auch den König beim Spaziergang sehen.

Wir benutzten wiederum die U-Bahn, wie bei allen Ausflügen innerhalb von Paris, um zum Friedhof zu gelangen. Nach kurzer Zeit mußte ich jedoch den Rundgang durch den Friedhof beenden, da ich nicht mehr laufen konnte. Es gelang mir noch, vom Dozenten für unsere Rückfahrt mit dem Zug die Wagennummer zu erfragen, nicht jedoch die Nummern der reservierten Plätze.

Beim Verlassen des Friedhofs stieß ich auf eine einfache Gaststätte. Es war die letzte Möglichkeit, noch einmal vor der langen Rückreise irgendwo einzukehren.

Als ich dort gerade einen Platz eingenommen hatte, wurde ich weggejagt, da dieser Platz reserviert sei für Leute, die nicht alleine seien. Dies traf mich mit meiner Behinderung natürlich sehr hart, da ich ja kaum noch laufen konnte. Als ich einen anderen Platz eingenommen hatte, wurde ich aber gut bedient. Es schmeckten mir jedoch weder der Fisch noch die Kartoffeln. Alles war ganz fade zubereitet. Ich hatte aber eigentlich gar keinen Hunger. Die Hälfte des Fisches ließ ich liegen. Ich bestellte mir noch eine Orangina, die ich ganz schnell austrank. Danach machte ich mich auf den Weg zu den Tuilerien, die ich unbedingt noch einmal aufsuchen wollte.

Ich wollte noch einmal in Ruhe durch den Park laufen und mir einige Stellen ansehen, zu denen wir auf unserem Rundgang in der Hektik leider nicht hingekommen sind. Ich fuhr zur Haltestelle des Place de la Concorde. Auf meinem Weg zu den Tuilerien konnte ich einen Blick auf die Kirche La Madeleine werfen, die einem griechischen Tempel gleicht. Danach erblickte ich den restaurierten Obelisken von Luxor auf der Place de la Concorde.

In den Tuilerien angelangt nahm ich am oktogonalen großen Brunnen Platz und konnte den Wasserspielen beiwohnen, die gerade in Betrieb gesetzt wurden. Anschließend machte ich mich auf den Weg zum ehemaligen Gartentheater. Ich stellte fest, daß einige historische Reste davon noch vorhanden sind, so z.B. eine breite Treppe und die ovalen seitlichen Begrenzungen. Es steht dort ein Denkmal von Perrault, und ansonsten ist das ehemalige Theater eine Oase für Erwachsene und Kinder geworden.

Ich sah mir die regelmäßig gepflanzten kleinen Wäldchen an, die beiden neu geschaffenen Exedren mit Wasserbecken sowie die vertieften Rasenflächen.

Gerne hätte ich mich noch länger dort aufgehalten. Meine Zeit ließ dies jedoch nicht zu.

Ich verbrachte dann jedoch noch eine ganze Weile im Hotel in einer gemütlichen Ecke, bevor ich mein Taxi bestellte, da ich viel früher dort ankam, als ich gedacht hatte. Eine ältere Angestellte half mir mit meinem Gepäckstück die Treppe hinunter. Es dauerte jedoch ein paar Minuten, bis das Taxi da war. Ich stellte fest, daß 34 F Grundgebühr eingestellt waren. Der Taxifahrer hielt schon 100 m vor dem Bahnhof. Ich bat ihn, mich noch direkt dorthin zu fahren, was er schließlich tat. Er besorgte mir auch einen Gepäckträger, der mich sofort in den Zug brachte, der schon bereitstand.

Ich ließ mich auf einem nicht reservierten Platz nieder, da mir unsere Platznummern nicht bekannt waren. Der Gepäckträger verlangte 30 F von mir. Auf meinem Platz blieb ich während der ganzen Fahrt sitzen. Nachdem ich mich beim Dozenten bemerkbar gemacht hatte, war niemand bereit, mich zur Gruppe zu holen. So mußte ich ganz hinten allein sitzen bleiben. Einmal kam eine Mitstudentin zu mir, um mir Kekse zu bringen. Das versprochene

Getränk mußte ich mir schließlich selbst holen. Wohlbehalten trafen wir gegen 23.00 Uhr in Frankfurt ein. Mit dem Taxi gelangte ich gegen Mitternacht nach Bischofsheim.

Meinen in Paris lebenden Bruder, den Professor der Philosophie, konnte ich diesmal leider nicht besuchen. Nachdem ich ihn zusammen mit seiner jüdischen Frau nach der Beerdigung meiner Mutter im Februar dieses Jahres noch in meiner Wohnung empfangen und bewirtet habe, kamen immer mehr böse Briefe von ihm im Zusammenhang mit dem von mir erwirtschafteten bescheidenen Nachlaß. Er ließ die Konten sperren, weil ich regelmäßig mein Betreuerhonorar und meine Unkosten abgerechnet hatte, was alles legitim war bzw. weil nicht sofort alles ausgezahlt werden konnte, wie er sich das vorgestellt hatte.

Auch schickte ich ihm einige Unterlagen, aus denen sämtliche Ausgaben nach dem Todesfall hervorgingen. Er ließ den Einschreibebrief ungeöffnet zurückgehen, so daß ich mich veranlaßt sah, einen Rechtsanwalt einzuschalten. Selbst der knallharte Brief meines Anwalts konnte meinen Bruder nicht erschüttern. Die Unterschrift für das Amtsgericht hinsichtlich der Entlastung für meine Betreuertätigkeit habe ich auch dadurch nicht sofort bekommen.

Es wurde eine große Oper daraus gemacht. Er schaltete eine Rechtsanwältin in Frankfurt ein, was zur Folge hatte, daß ihm alles in Zähflüssigkeit abgehandelt werden mußte, sei es der Grabstein oder die Grabpflege genauso wie jede Überweisung nach der erfolgten Kontensperrung von ihm genehmigt werden mußte. Dies machte mir unglaubliche Arbeit und bereitete mir viele Kopfschmerzen. Auch hatte mein Bruder meine Mutter in den letzten fünf Jahren überhaupt nicht mehr besucht.

Schließlich konnte alles auch zu meiner Zufriedenheit abgewickelt werden. Es stellte sich heraus, daß er in allem Unrecht gehabt hatte, aber er hat es nicht für notwendig gehalten, sich bei mir für seine unverschämten Briefe zu entschuldigen. So werde ich ihn wohl nie wiedersehen. Den Vornamen meines Bruders Arno entdeckte ich an der Pariser U-Bahn. Dort wurde er auf einem Plakat für Werbezwecke verwandt.

Nizza – Hauptstadt des Departements Alpes Maritimes

Im Jahre 1967 besuchte ich das erste Mal die Côte d'Azur: Helmut und ich hatten an einem Tagesausflug mit dem Bus nach Nizza und Cannes teilgenommen, als wir damals in San Remo an der italienischen Riviera Urlaub machten. Schon auf der Fahrt dorthin wurde mir bewußt, daß an der französischen Riviera alles großartiger ist als an der italienischen. Dies gilt sowohl für die Landschaft als auch für die Städte Nizza und Cannes mit ihren Prunkhotels.

In Nizza hatten wir damals die Möglichkeit, uns etwas umzusehen. Wir liefen die breite Promenade des Anglais entlang, bewunderten sie und bekamen dort die ersten Miniröcke zu sehen. Wir gingen noch im Jardin Albert Ier spazieren, über den man zur Place Masséna gelangt. Eine ganze Weile hielten wir uns in diesem wunderschönen Park auf, bevor wir zum Bus zurückkehren mußten.

Die Möglichkeit, nach Nizza Stand-by fliegen zu können, war vierzehn Jahre später mit dafür ausschlaggebend gewesen, daß ich mir ein kleines Wohneigentum an der Côte d'Azur zulegte. Nizza, französisch Nice, hat ca. 345 000 Einwohner und ist damit ca. fünfmal so groß wie Cannes. Es ist eines der bedeutendsten französischen Seebäder.

Die Stadt wurde vermutlich im 5. Jahrhundert v.Chr. von Griechen gegründet, die ihr den Namen Nike gaben. Der Stadtteil Cimiez geht auf die römische Gründung Cenemelum zurück. Im 4. Jahrhundert n.Chr. wurde Nizza Bischofssitz, im frühen Mittelalter gehörte es zur Provence, wurde im 12. Jahrhundert Stadtrepublik und 1388 savoyisch. Als Grenzstadt wurde es heftig umkämpft und mehrmals zerstört. Nizza wurde 1793 von Frankreich annektiert,

1814 kam es wieder an Savoyen-Sardinen, 1860 nach einer Volks-
abstimmung endgültig zu Frankreich. 1807 wurde der italienische
Freischarenführer Giuseppe Garibaldi in Nizza geboren. Seit 1965
ist Nizza auch Universitätsstadt.

Nizza besitzt eine italienische Altstadt, in der ein Haus an
Niccolo Paganini erinnert. Ansonsten sind italienische Inschriften
beim Durchwandern der Straßen kaum noch zu entdecken. In
dieser unterhalb des Stadtzentrums gelegenen Altstadt befindet
sich die Kathedrale Ste. Réparate aus dem 17. Jahrhundert. Das
Zentrum ist geprägt von der Place Masséna mit den regelmäßig
angelegten roten Gebäuden, den Gartenanlagen und den großen
Fontänen. Die Berge im Hintergrund bilden eine wunderbare
Kulisse.

Die große Promenade des Anglais zieht sich am steinigen Strand
von Nizza entlang fast bis zum Flughafen hin. An dieser Promenade befindet sich das berühmte Hotel Negresco, ein Tempel der
Belle Epoque sowie die Villa Masséna mit Museum.

Von Cannes aus gelangt man mit dem Bus nach Nizza zum
Jardin Albert Ier. Von dort aus kann man sich entweder zur Place
Masséna und der Altstadt begeben oder zurück zur Promenade des
Anglais. An der großen Promenade besuchte ich einmal im Hotel
Westminster ein Konzert. Vom Prunk des Hotelinneren aus dem
vorigen Jahrhundert war ich sehr angetan.

Einmal machte ich mich auf den Weg zum Musée des Beaux
Arts, das ziemlich weit hinten etwas abseits von der Promenade
liegt. Ich war an diesem Tag gut zu Fuß gewesen und hatte sogar
die Möglichkeit, mich etwas zu setzen, da ich eine halbe Stunde
vor der Öffnungszeit des Museums dort ankam. Beim Betreten des
Museums bin ich, als ich auf die Bilder nach oben blickte, jedoch
so fürchterlich gestürzt, daß ich nicht allein aufstehen konnte.
Man mußte mich aufheben und es dauerte eine Viertelstunde, bis
ich wieder gehen konnte. Der Fuß schwoll sehr stark an, was zur

Folge hatte, daß ich an Pfingsten in der Wohnung bleiben mußte. Im Februar hatte ich einmal Gelegenheit, den großen berühmten Karnevalszug zu sehen. Zu diesem Zwecke hatte man im Jardin Albert Ier Tribünen aufgebaut. Der Sitzplatz kostete ca. 100 F.

Als ich das letzte Mal in Nizza war, habe ich bei strahlendem Wetter einige wunderschöne Bilder gemacht. Dies geschah kurz vor dem Wohnungsverkauf; als ich mit dem Fotografieren fertig war, fuhr ich nach Cannes zurück, denn es war mir nicht möglich, in ein Restaurant zu gehen.

Innerhalb der beinahe 20 Jahre, die ich Eigentümerin des Studios war, bin ich eigentlich wenig nach Nizza gekommen. Cannes bot mir nämlich eigentlich alles, was ich brauchte. Es ist überschaubarer, d.h. man braucht innerhalb des Zentrums keine so weiten Wege zurückzulegen. Die Croisette ist eine etwas kleinere Promenade des Anglais. Und Cannes hat Sandstrand, sogar einen zur kostenlosen Benutzung, während man in Nizza überall nur Steine vorfindet.

Köstliches aus verschiedenen Jahren

Anfang der Neunzigerjahre wurde ich Mitglied im Accueil des villes françaises, der auch eine Niederlassung in L. hat. Diese Organisation hat es sich zur Aufgabe gemacht, Neuhinzugezogene jeder Nationalität zu integrieren. In den kleinen Räumlichkeiten im Zentrum v. L. lernte ich Frau Leclerc kennen und Ruth K., eine Deutsche. Frau Leclerc, eine Lehrerin, die lange Zeit im ehemaligen Französisch-Marokko gelebt hatte, hielt dort einen französischen Konversationskurs, an dem auch Ruth K. teilnahm, deren Schwester in der Nähe von L. wohnte und die sich mit dem Gedanken trug, dort ebenfalls eine Wohnung zu kaufen.

Als wir uns das erste Mal trafen, sagte Mme. Leclerc zu uns, „en Allemagne et en Autriche il pleut" (in Deutschland und in Österreich regnet es). Als wir über Marokko sprachen, lobte sie unglaublich das ehemalige Französisch-Marokko und setzte das ehemalige Spanisch-Marokko unglaublich herab. Aber sie lud mich einmal zusammen mit anderen in ihr Ferienwohneigentum in einer in den Achtzigerjahren errichteten, ganz in der Nähe meiner Wohnung befindlichen Wohnanlage ein. Sie hielt sich dort auch nur zeitweise auf, da sie in der Nähe von Paris noch ein Haus besitzt. Einmal fand die Konversation mit mir allein in ihrer Wohnung statt. Schließlich lud sie mich noch einmal zu sich ein, nachdem sie auch bei mir gewesen war. Ich merkte dabei, wie sie mich finanziell unglaublich überschätzte. Danach haben wir uns aus den Augen verloren, da ich mich nicht entschließen konnte, mich für immer dort niederzulassen.

Ich nahm auch an einem Kurs in Wassergymnastik teil. Dieser fand in einem Swimmingpool statt, der zu einem in den Achtzigerjahren neu errichteten Hotel gehörte, das sich ganz in der Nähe meiner Wohnung befand. Dieser Kurs wurde von Mme. Duval geleitet. Als ich dort zum ersten Mal hinging, sagte die Kursleiterin zu mir: „Votre prénom", sie wollte meinen Vornamen wissen. „Une cocotte", sagte sie noch, was eine unglaubliche Beleidigung darstellte. „Vous ne savez pas nager", ich könnte nicht schwimmen. „Non, vous nagez bien", sagte eine andere Teilnehmerin anschließend, die zum Ausdruck brachte, daß ich gut schwimmen könnte.

Mit diesem Verein machte ich einmal einen Busausflug, an dem auch Ruth K. teilnahm. Diese begrüßte ich an unserem Treffpunkt auf Deutsch. Sofort wurde ich von der Leiterin der Gruppe gerügt: „Maintenant on parle le Français". Ich hätte gefälligst Französisch zu sprechen. Ruth, die Deutsche, die ursprünglich in der Nähe von L. eine Wohnung kaufen wollte, hat schließlich davon Abstand genommen, da sie von der hohen Taxe d'habitation (Wohnsteuer) gehört hatte, die man in Frankreich schon für ein kleines Eigentum aufbringen muß.

An einem Samstag besuchte ich auf dem Privatflughafen von L. eine Veranstaltung, die ich dem Veranstaltungskalender entnommen hatte. Franzosen wunderten sich über das deutsche Auto, das ich auf einem großen Parkplatz inmitten lauter Franzosen parkte. Ich war ahnungslos, da ich nicht genau wußte, was eigentlich stattfinden sollte, denn der Name, den ich gelesen hatte, sagte mir nichts.

Nun, es wurde ein Denkmal für einen Fliegerhelden aus dem Ersten Weltkrieg eingeweiht. Ich merkte das erst gegen Ende der ganzen Zeremonie; als dauernd die Rede von quatorze-dixhuit, nämlich von 1914/18 war, wurde mir bewußt, wo ich hineingeraten war. Ich blieb aber während der ganzen Zeremonie da. Schließlich betrachtete ich das Denkmal noch von der Nähe. Im Anschluß an die Veranstaltung konnte man an einem Buffet teilnehmen, das draußen aufgebaut war. Ich konnte mich jedoch nicht dazu entschließen, zu diesem Buffet zu gehen.

Ich machte einen Sonntagsausflug ins Hinterland, den ich in einem Reisebüro in Cannes gebucht hatte. Diese Ausflüge sind Erlebnisse ganz besonderer Art, da die Küste und das nähere Hinterland schon unglaublich zugebaut sind, da vor allem viele Nordfranzosen, insbesondere Pariser, dort einen Zweitwohnsitz erworben haben. Wir fuhren zu einem See, einem herrlichen von Bergen umgebenen Naturparadies, das unter Landschaftsschutz steht, d.h. die Ufer dürfen nicht bebaut werden. Mit dem Schiff machten wir eine traumhaft schöne Rundfahrt bei strahlendem Wetter. Ich genoß es dabei, daß wir das einzige Schiff auf dem See waren.

Ich kam auf dem Schiff mit einem Herrn etwa gleichen Alters ins Gespräch. Er war mit einer Spanierin verheiratet. Das Ehepaar lebte in Cannes, wie fast alle anderen Ausflugteilnehmer. Zunächst unterhielt ich mich mit dem Herrn über alles Mögliche. Irgendwie kamen wir auf den Hartmannsweilerkopf im Elsaß zu sprechen, auf den ich einmal aus Versehen gelangte, als ich die Beschilderung nach Kaysersberg nicht finden konnte. Dieser ist im Ersten Weltkrieg schwer umkämpft worden. Auf diesem Berg befindet sich ein großer französischer Soldatenfriedhof. Mein Gesprächspartner erwiderte darauf, daß sich dort ebenso ein deutscher Soldatenfriedhof befände.

Als ich ihm erzählte, daß man die Deutschen umgebettet hätte, sagte er zu mir, ich sollte anfangen zu singen: „Warum ist es am Rhein so schön". Das habe ich natürlich nicht getan; ich habe gesagt, daß man dies bei uns als schlechtes Benehmen im Ausland bezeichnet. Am Hartmannsweilerkopf gibt es auch eine kleine Gedenkstätte, an der ganz bewußt das Kriegerische bei den Deutschen zur Schau gestellt wird.

Anhang:

Tuilerien Garten

Le Nôtre's Gestaltungsprinzipien und die
Einbindung in die Pariser Stadtplanung

Anhang: Tuilerien Garten

Le Nôtre's Gestaltungsprinzipien und die Einbindung in die Pariser Stadtplanung

I. Einleitung
II. Hauptteil

1.   Entstehung der Tuilerien
a)   Baugeschichte
b)   Beschreibung des Gartens

2.   Umgestaltung durch Le Nôtre
a)   Bedeutung von Paris
b)   Die Familie Le Nôtre
c)   Beschreibung von Le Nôtre's Garten
d)   L'axe de Paris

3.   Gestaltungsprinzipien und Einbindung in die Epoche
a)   Prinzipien von Le Nôtre
b)   Traktat von Dezallier
c)   Nutzung
d)   Kunst und Macht

4.   Umgestaltung, Pflege und Nutzung im Laufe der Zeit
a)   Umgestaltung und Pflege unter Einbeziehung der Stadtgestaltung
b)   Nutzung und Sinn derselben

III.   **Schluß**
IV.   **Anmerkungen**

I. Einleitung

Leider können wir heute den Tuileriengarten nur noch in sehr
veränderter Form wahrnehmen, wobei er uns allerdings den Blick
bis zum Arc de Triomphe de l'Etoile eröffnet, mit dessen Bau erst
unter Napoleon I. begonnen wurde. Ich werde im folgenden vor
allem die Umgestaltung durch Le Nôtre im Zusammenhang mit
der Pariser Stadtgestaltung beschreiben und die späteren Veränderungen nur kurz streifen.

Zuerst werde ich etwas zur Entstehung der Tuilerien sagen, danach
etwas zu Paris und der Familie Le Nôtre. Anschließend werde ich
den Garten beschreiben und dabei auf die Achse von Paris eingehen. Ich werde noch über die Gestaltungsprinzipien sprechen und
die Einbindung in das Zeitalter des Absolutismus bzw. Le Nôtre's
Verbindung mit der Macht, sowie einiges zum Sinn der Nutzung
des Gartens zitieren. Außerdem werde ich noch zum heutigen Zustand und der Renovierung Anfang der 90iger Jahre des 20. Jahrhunderts etwas sagen.

II. Hauptteil

1. Entstehung der Tuilerien

a) Baugeschichte
Katherina von Medici, die Gemahlin Heinrichs II., ließ 1564 auf
dem Gelände der Ziegeleien, dh. der „tuileries" am rechten
Seineufer in Paris den Bau der Tuilerien als Lustschloß durch Philibert Delorme beginnen und von Jean Bullant 1570 nach redu-
zierten Plänen fortführen. 1572 wurden die Arbeiten eingestellt.
Der Flügel mit Mittel- und Seitenpavillons, doppelarmiger Haupt-

treppe und offenen Bogenhallen, den Delorme errichtet hatte, wurde unter Heinrich IV, 1595 - 1610[1] durch eine lange Galerie mit dem Louvre verbunden.[2]

Bei den Tuilerien handelt es sich um ein Alterswerk von Delorme. Er kehrte dabei zur umschlossenen Hofanlage nach dem System von St. Maur zurück, zu einem französischen Schloß mit italienischem Pathos, das die reinste Vollendung im französischen Sinn erfuhr. Es war für die gesteigerte festliche Entfaltung bestimmt, denn die große Florentinerin ließ eine auf große Festlichkeiten eingestellte Anlage verbunden mit gewaltigen Wohnflügeln errichten.[3] Die erste dazugehörige Gartenanlage, die ebenfalls von Philibert Delorme entworfen wurde, entstand von 1563 - 1578. Diese Anlage wurde 1664 durch André Le Nôtre maßgeblich umgestaltet.

Das Palais der Tuilerien war bis zu seiner Zerstörung im Kommuneaufstand ein Schloß der französischen Könige. Als es abgebrannt war, wurde es 1882 abgerissen. Dadurch wurde auch dieses Grundstück gärtnerisch gestaltet, das sich demjenigen vor dem Louvre anschloß.

b) Beschreibung des Gartens
Der erste Garten war im typischen Renaissancestil geplant und bildete eine Abfolge von „statischen" Quadraten und Rechtecken. Nach Ernest de Ganay bildete der Garten von Philibert Delorme ein unregelmäßiges Viereck von 700 x 270 m. Er war unabhängig vom Palais, da er auf allen vier Seiten von Mauern umgeben war. Die schachbrettartige Anlage war mit lang und quer duchlaufenden Alleen durchzogen. Viele Quadrate waren mit Obstbäumen bepflanzt. Andere wurden zu Wäldern mit Brunnen gestaltet. Gewisse Beete sind mit Blumen und Sand dekoriert.

Man findet hier zu verschiedenen Epochen ein Vogelhaus, einen Hundestall, ein Gehege von wilden Tieren, ein Kaninchengehege, eine Orangerie und modisches Kabarett. Die Zeichnung der Anlage soll von „messire Bernard de Carnessequi, superintendant des plantz" der Tuileriengärten mindestens von 1566 - 1572 stammen. Bastien Tarquini soll hier 1571 Gärtner gewesen sein.[4]

2. Umgestaltung durch Le Nôtre

a) Bedeutung von Paris
Im Zeitalter des Absolutismus war Paris die bedeutendste Metropole Europas. Dies war verbunden mit einem raschen Anstieg der Bevölkerung. Da einzelne Stadtteile infolge Übervölkerung unbewohnbar wurden, machte man sich Gedanken über die Notwendigkeit öffentlicher Freiräume.

Gleichzeitig bemühten sich die französischen Könige darum, der Hauptstadt ein repräsentatives Aussehen zu verleihen. Dabei spielte vor allem der Bereich des Louvre, der Tuilerien und Tuileriengärten am Westrand und die Bastille am Ostrand eine Rolle, d. h. die dem Nordufer der Seine folgende „Königsachse".[5]

Hierzu schreibt Jeannel: „Es galt, den Palast im Zentrum unermeßlicher Perspektiven einzutragen, um so die zunehmende Macht Frankreichs und dessen Königs im Angesicht der Welt zu manifestieren."[6]

Ende des 17. Jahrhunderts war der Ring der „Grand Boulevards" um das Stadtgebiet nördlich der Seine offenbar fertiggestellt. Der nördliche Boulevardring endete am Westrand auf der Höhe der Tuileriengärten. Am Beginn des heutigen Place de la Concorde schuf André Le Nôtre seine berühmte „Axe de Paris" [7], auf die ich später noch näher eingehen werde.

b) Die Familie Le Nôtre

Der Tuileriengarten wurde mehrfach umgestaltet, wobei der jeweilige Geschmack des Königs eine Rolle spielte. Er wurde 25 Jahre lang unterhalten und verschönert. 1664 gibt Colbert den Auftrag, das Schloß wiederaufzubauen und zu vergrößern, das offensichtlich 1593 zumindest teilweise zerstört worden sein muß.

Pierre Le Nôtre, der Großvater von André Le Nôtre, hat 1572 schon in den Gartenteilen gearbeitet und wurde am 20. 6. 1594 beauftragt, die großen ebenen 4-eckigen Parterres zu gestalten und zu vollenden. Jean Le Nôtre, sein Vater, der im Palais der Tuilerien wohnte, hat 1609 mit Pierre Neveu unter der Aufsicht von Claude Mollet ebenfalls in der Parkanlage gearbeitet. Er führte die besten Arbeiten aus, die von Heinrich IV. in Auftrag gegeben wurden und 1618 ist er mit dem königlichen Garten von Ludwig XIII. verknüpft. [8]

Im Jahr 1637 wird André Le Nôtre mit 23 Jahren Nachfolger seines Vaters. Er nimmt das Amt des Gärtners an und verzichtet dabei auf Malerei und Kunst. Der gutmütige einfache Mensch war für den Sonnenkönig wie geschaffen. Er wurde erster Gärtner des Königs, der sein Talent anerkannte und ihn sehr schätzte. Außerdem wurde er zum „Architecte Contrôleur" der Gebäude ernannt. [9]

Bevor A. Le Nôtre mit der Umgestaltung des Tuileriengartens beauftragt wurde, hatte er sich wahrscheinlich schon lange vorher genau überlegt, wie dieser aussehen sollte, denn er hatte sich viel in diesem Park aufgehalten. [10]

c) Beschreibung von A. le Nôtre's Garten
Die Neugestaltung der Gärten dauerte über 11 Jahre. Man begann
mit dem Abbruch eines Mäuerchens, das die ersten
Parterres von der Terrasse des Palastes trennte. Es wurden einige
Treppenstufen in den Garten über die ganze Länge der Schloßfas-
sade entworfen, die einen Zugang zu den Alleen und Terrassen
schufen. Die halbkreisförmige Echo-Mauer, die den Garten im
Westen begrenzt, wird in der Mitte geöffnet. Hufeisenförmige
Rampen und pflanzliches und räumliches Dekor ersetzt die Mau-
er.[11]

Die Neugestaltung des Gartens wird sehr schön am Stich von
Israel Silvestre aus dem Jahr 1680 veranschaulicht. Bei einem Ver-
gleich mit dem Stich von Ducerceau aus dem Jahr 1579 fällt auf,
daß der ursprüngliche Garten mit viereckigen in sich abgeschlos-
senen Kompartimenten in einem Achsensystem eine große Mo-
notonie ausstrahlte.

Diese Vereinzelung wird bei A. Le Nôtre dadurch vermieden, daß
er durch das Anlegen einer Mittelachse eine große axiale Perspektive schafft. Dem Schloß am nächsten läßt er zwei durch Diago-
nalwege gegliederte Broderieparterres mit Rasenborten anlegen
sowie mit jeweils einem zentralen Rundbrunnen. Von diesen beiden Rundbrunnen aus kann man den etwas größeren Rundbrunnen in der Mittelachse erblicken. Von letzterem wird der Blick auf
den noch größeren achteckigen Brunnen am Ende der Mittelachse
als point de vue gelenkt. Dahinter steigt das Gelände mit aus-
schwingenden Rampen an und die Sichtachse stößt in die Landschaft hinaus. Die Mittelachse wird durch flankierende Kastanien
und Eiben betont.

179

Die kreisförmigen Alleen, die die Bassins einfassen, sind von ungleichmäßiger Breite. Beim perspektivischen Sehen treten Verzerrungen auf, sodaß die Bassins scheinbar in die Mitte der sie umgebenden Flächen rücken.

Vor dem mittelgroßen Brunnen befindet sich beidseitig der Mittelachse ein Broderieparterre, dem sich rechts und links ein Parterre à l'Angloise anschließt. Es folgen in waagerechter Anordnung symmetrisch zur Mittelachse die „salles ou bassins de gazons", d. h. Rasenstücke von Rasenrändern umgeben, die in sich symmetrisch sind, wobei alle drei übereinanderliegenden unterschiedlich gestaltet sind. An den zweitrangigen Alleen befinden sich neben diesen Rasenstücken „les petits bois plantés", kleine Wälder in zwei verschiedenen Größen mit regelmäßig angepflanzten Bäumen und die Bosquets als Erlebnisräume, die jeweils symmetrisch zur Mittelachse angelegt sind. Die beiden Bosquets sind jedoch unterschiedlich gestaltet und die letzten folgenden vier Gartenteile unterscheiden sich alle voneinander. Sie sind durch Rasen und Geometrie geprägt. Rechts außen befindet sich das Gartentheater, „La salle de la Comédie".[12] Letzteres gab es bis in das späte 17. Jahrhundet in Frankreich nicht. Erst Le Nôtre bezog ein ständiges Freilichttheater in seine neuen Pläne für die Tuilerien mit ein.[13]

Während sich an der einen Längsseite des Gartens die große Terrasse am Wasser entlang befindet, wird die andere Längsseite von 5 Rasenfeldern mit Borten begrenzt, von denen nur 2 identisch sind. 2 haben eine kleine Einbuchtung an einer Schmalseite und das mittlere Feld eine Einbuchtung an beiden Schmalseiten.

Bei der Neugestaltung des Gartens fällt auf, daß sich Le Nôtre bei der Anlage der Gartenteile innerhalb der symmetrischen Anlage nach einer bestimmten Regel wieder von der Symmetrie wegbewegt. Zwei unterschiedlich gestalteten Teilen folgen mit kleiner Unterbrechung vier unterschiedlich gestaltete Teile, von denen zwei in ihrem oberen Teil auch nicht mehr in sich symmetrisch sind.

Dadurch wurde aber ein sehr abwechslungsreicher Garten geschaffen, der gleichzeitig eine große axiale Perspektive eröffnet. Die Zahl 2 scheint bei Le Nôtre eine große Rolle gespielt zu haben.

Am Anfang gab es nur wenige Statuen im Garten. Nur die vier Jahreszeiten wurden 1680 um den oktogonalen Brunnen herum plaziert. Später wurden unter Ludwig XV. die 4 Flüsse aus Marly ebenso wie ganz allmählich eine Anzahl anderer Statuen aufgestellt.[14]

Die dynamische Gestalt, die der Garten unter Le Nôtre's Leitung und durch die Gönnerschaft von Ludwig XIV. annahm, war das Ergebnis einer langen Tradition. Die leidenschaftliche Widmung zum Gärtnern von aufeinanderfolgenden französischen Königen sollte diese notwendigen Grundlagen für die Leistungen in der Gartenkunst unter der Herrschaft von Ludwig XIV. beschaffen, für die es keine Parallele gibt.[15]

d) L'Axe de Paris

Mit seiner „Achse von Paris" hat André Le Nôtre im Zuge der Umgestaltung des Tuileriengartens gleichzeitig eine Linie geschaffen, auf der eine gewisse geistige Ordnung vorherrscht. Diese allumfassende praktische Realität ist gleichzeitig ein, so schreibt Devilliers „intelektuelles, künstlerisches, philosophisches und moralisches Ideal."[16] Hennebo schreibt hierzu: Die „axe de Paris" ist eine stilisierte Landschaft von großartigen Dimensionen.[17] Sie wurde ab 1680 geschaffen.

Ludwig XIV. hatte 1668 seine Absichten bekannt gegeben, die Zufahrten zur Hauptstadt zu verherrlichen. Außerdem war bei der Pariser Stadtplanung der Bau einer Stützmauer und eines Überdammes (Quai des tuileries) vorgesehen, um den Garten abzugrenzen. So wurden die Verschönerungsarbeiten mit notwendigen Arbeiten verbunden.

Die „axe de Paris" beginnt am Ende des Tuileriengartens, wobei die Mittelachse zunächst zwischen den beiden Rampen mündete, und zwar auf einem Wiesenreal, das von etlichen Wegen durchzogen war. Dort befindet sich heute der Place de la Concorde. Innerhalb der anschliessenden Verlängerung der Mittelachse wurde von Le Nôtre die Avenue des Tuileries geschaffen, die spätere „Grande Route des Champs Elysées". Die Baumpflanzungen entlang dieser Allee wurden in der Breite der Tuilerien begonnen und fächerförmig nach Südwesten fortgesetzt.

Es schließt sich ein kleiner Platz an, der heutige „Rond Point des Champs Elysées". In der weiteren Verlängerung der Allee wird diese wiederum unterbrochen durch die „Place de l'Etoile". Somit erfolgt innerhalb dieser Sichtachse vom „Palais des Tuileries" ausgehend eine kontinuierliche Steigerung vom mittelgroßen Rundbrunnen über den oktogonalen Brunnen, die kreisförmige Fläche entlang der kreisförmigen äußeren Rampen an der Terrasse zum „Rond Point des Champs Elysées" bis zum Rondell der „Place de l' Etoile", da jede nachfolgende Fläche jeweils größer ist als die vorangehende.

3. *Gestaltungsprinzipien und Einbindung in die Epoche*

a) *Prinzipien Le Nôtre's*

Le Nôtre's Gestaltungsprinzipien im allgemeinen bestehen vor allem aus der Symmetrie um eine Mittelachse. Durch große axiale Perspektiven wird die Vereinzelung vermieden und es werden Fernsichten geschaffen. Es gibt keine durch Baumbewuchs verengten Durchblicke. André Le Nôtre hat Repräsentationsgärten bezogen auf die Schloßarchitektur geschaffen. Sein erstes großes Werk der Gestaltung war Vaux-Le-Vicomte. Dieser Schloßgarten und die ebenfalls von ihm geschaffene Parkanlage in Versailles wurden bald zum Vorbild für Schloßparkanlagen in ganz Europa.

Gekünstelte Terrassen ersetzten die Böschung, gerade Kanäle ersetzten schlängelnde Bäche und Wassergräben betonen Alleen. Wasserspiegel und Springbrunnen sind mit Bedeutungen versehen. Die Parterres sind mit Blumenrabatten, Bosketten, Bassins und Kanälen, einem Naturtheater, einer Orangerie und Freitreppen sowie einem reichen Programm von Bildwerken und Steinvasen versehen.[18]

b) *Traktat von Dezallier*

Die folgenden Erläuterungen zu den Gartenteilen - wobei ich nur zwei herausgegriffen habe - habe ich dem Traktat von Antoine J. Dezallier entnommen, der 10 Jahre nach Le Nôtre's Tod 1709 in Paris anonym ein Lehrbuch mit dem Titel „La Théorie et la Pratique du Jardinage etc." herausgegeben hat. Dieser war kein Fachmann auf dem Gebiet des Gartenbaus, sondern Beamter und Schriftsteller.

Diese „Bibel der Gartenkunst" war die erste theoretische Darlegung, die nur den Lust- und Ziergärten gewidmet war. Das Studium dieses Fachbuches war unerläßlich für das Verständnis der Formen des Barockgartens und seiner Definition. Die Gestaltungsprinzipien werden an neu entworfenen Musterplänen erläutert, die im wesentlichen den Kompositionsprinzipien Le Nôtre's entsprechen. Die beiden Beispiele sind im Text von Wilfried Hansmann enthalten.

1. Das Parterre à l'angloise
„Englisches oder Rasen-Parterre. Es ist entweder ein Rasenstück ohne Binnenstruktur oder aus ornamentalen Rasenstücken mit Zierwegen dazwischen zusammengesetzt. Den Rahmen bildet eine mit Blumen bepflanzte, mit Taxus und „arbrisseaux (Bäumchen und Sträuchern)" akzentuierte Rabatte. Möglich ist aber auch ein einfaches Rasenband. Die Zierwege sind in kräftigem Kontrast zum Grün des Rasens mit Sand bestreut."

2. Bosketts
„In die Bosketts begibt man sich bei großer Hitze im Sommer, um ihren Schatten zu genießen. Es sind intime Räume in der Natur zur Entspannung und zum lässigen Verweilen, zur Absonderung und zum vertraulichen Beisammensein. Solche Lustwälder sind in der Mehrzahl klein und in geometrischen Formen angelegt. Alleen und Wege durchschneiden sie; sie haben freie Räume, die „Salons" und „Kabinette" oder auch ganze Raumfolgen."[19]

c) Nutzung

Die öffentlichen Parkanlagen der Tuilerien waren schon im 17. Jahrhundert für das Publikum freigegeben, obwohl sie sich immer im Besitz der Krone befanden. Sie waren Elemente eines prägenden „Grünsystems", das sowohl der Verschönerung als auch der Repräsentation und der allgemeinen Nutzung diente.

Der Augsburger Verleger Martin Engelbrecht versah einen um 1730 veröffentlichten Kupferstich (nach Jean Rigaud), „Les Promenades du Palais des Thuellieries" mit folgenden Worten. „Jey on trouve plaisir, et icy on fait l'amour, les belles Dames on y fait icy la cour."[20]

d) Kunst und Macht

Die großartigen Träume Le Nôtre's nahmen Form an zum Preis der Verbindung mit der Macht, d. h. mit der absolutistischen Macht Ludwigs XIV. Seine Gärten sind Ausdruck dieser Epoche und einer besonderen Welt. Heute bedarf es weitgehend einer großen Vorstellungskraft, seine Schöpfungen 300 Jahre nach ihrer Entstehung nachzuvollziehen, da von komplexen und raffinierten Anlagen nur noch wenige im ursprünglichen Zustand erhalten sind. Die Gärten haben unter den Ereignissen, die die französische Geschichte erschütterten, stark gelitten.

Seine Werke stellten den Höhepunkt der künstlerischen Gestaltung des Barockgartens dar und begründeten die führende Rolle Frankreichs auf dem Gebiet der Gartenkunst. Seine Biographie ist nicht sehr umfangreich und es scheint keine persönlichen Äußerungen zu seiner Kunst zu geben.

Sein Werk ist allerdings an eine heftig kritisierte Vergangenheit gebunden. Während der französischen Revolution, also ca. 200

Jahre nach seinem Tod, wurde sein Grab geöffnet und seine Knochen verstreut, weil er mit Ludwig XIV. und den königlichen Ausgaben für Versailles verknüpft war. Dies hatte zur Folge, daß seine Arbeit gering geschätzt wurde, vieles anderen zugeschoben oder als von unbekannter Herkunft betrachtet wurde.

Nach einem Studium seiner Aufzeichnungen revidierten die Franzosen aber schließlich ihre Meinung, indem sie seine Größe als Gartenarchitekt würdigten und seine Persönlichkeit zu lieben begannen und sprachen von ihm als „Gärtner der Könige und König der Gärtner."[21]

4. Umgestaltung, Pflege und Nutzung im Laufe der Zeit

a) Umgestaltung und Pflege unter Einbeziehung der Stadtgestaltung.
Der an das untere Ende des Tuileriengartens grenzende Place de la Concorde (früher Place Louis XV.) wurde ab 1755 von J.A. Gabriel angelegt.[22] Während der Revolution wurden in den Tuilerien von Hubert und Bernard Exedren angelegt. So entstand z.B. ein ovales Wasserbecken mit Statuen auf hohen Postamenten. Dazu gehörte eine steinerne Bank und die Anlage war von hohen Bäumen umgeben.[23]

Der Arc de Triomphe du Caroussel wurde 1806 - 1808 unter Napoleon errichtet und der Arc de Triomphe de l'Etoile wurde ebenfalls 1806 begonnen, aber erst 1836 fertiggestellt.[24]

Unter Napoleon III. kam 1852 - 68 die Galerie entlang der Rue de Rivoli hinzu, die mit dem Louvre verbunden wurde. Das Schloß, das niemals in der ursprünglich geplanten Form fertiggestellt wurde, wurde dadurch zu einer 3-Flügelanlage gemacht.[25]

1853 wurde die Orangerie gebaut und 1861 das Jeu de Paume. Der Jardin du Caroussel entstand ab 1871.[26]

Der Park ist von André le Nôtre so hervorragend umgestaltet worden, daß ein ansehnlicher Teil davon bis zum heutigen Tage trotz Revolution, Kriegen und Invasionen unverändert erhalten blieb. In guten Zeiten wurden die Beete und Einfassungen mit Blumen bepflanzt und vorzüglich gepflegt. In schlechten Zeiten, wie z.B. vor der Revolution und nach dem franz./preuß. Krieg wurden Bäume abgehackt, um Feuerholz zu gewinnen. Nach dem 1. Weltkrieg wurden die Gärten vernachlässigt.[27]

Die Gärten der „Tuilerien" und „du Caroussel" stellen mit über 28 ha und ca. 2800 Bäumen (vor allem Linden und Kastanien) eine der größten Promenaden der Hauptstadt dar, die mit Sicherheit die geschichtsträchtigsten und zentralsten sind. Der Tuileriengarten ist mit gut 100 Statuen und Vasen geschmückt, die vor allem von den bekanntesten Bildhauern der letzten 4 Jahrhunderte geschaffen wurden.

In den 80iger Jahren des 20. Jahrhunderts hatte der sich in Staatseigentum befindliche Garten einen beunruhigenden Zustand des Verfalls erreicht. Um diese Verschlimmerung zu beseitigen, veranlaßte Präsident F. Mittérand 1989, die Tuilerien vollständig zu renovieren. Die Arbeiten, die 1991 begonnen wurden, sollten 1995 abgeschlossen werden. Das neue Gebäude des Jeu de Paume, das für Kunstausstellungen gedacht ist, wurde 1991 eröffnet.[28]

Die Renovierung wurde von Guy Nicot durchgeführt. Dabei wurden die Broderie-Parterres zum großen Viereck, die Größe und Anzahl der Alleen wurde reduziert, es wurden 1000 neue Bäume gepflanzt, Marmorexedren mit Wasserbecken angelegt und in den seitlichen Wäldchen zwei Kinderspielplätze eingerichtet. Man hat einen pflanzenhaften Garten geschaffen, bei dem man keine Schwierigkeiten mit der Unterhaltung desselben hat.[29]

b) Nutzung und Sinn derselben

Die Tuilerien waren fast das ganze Jahr über die vornehmste und volkreichste Promenade zu Fuß. Abends als es kühler wurde, gab es Gedränge, da um diese Zeit die Karossen haufenweise gefahren kamen. Man sah die neuesten Moden, redete ernsthaft und divertierte sich. Man sah selbst Prinzen und Prinzessinnen.[30]

Dieter Hennebo zitiert C.C.L. Hirschfeld, der in seiner „Theorie der Gartenkunst" schrieb: „Man will sich sehen und sich finden; ebene, offene, gerade und breite Gänge und Alleen befördern diese Absicht, und noch eine andere, die Verhütung aller Unordnung unter der vermischten Menge". Hennebo schreibt außerdem: „Vergnügen bedeutete auch die Möglichkeit zu unverbindlicher Kommunikation und Konversation („en passant"), die Erfüllung des Bedürfnisses anderen, möglicherweise berühmten Leuten zu begegnen und von ihnen gesehen zu werden."

Für viele bedeutete das Spazierengehen auf den Boulevards die einzige erreichbare Ablenkung von der Misere ihrer Wohn- und Lebensverhältnisse, andererseits war es eine Ablenkung für diejenigen, die nichts sonderliches zu tun haben.

Dieter Hennebo zitiert darüberhinaus, was Johann Georg Krünitz in seiner „ökonomisch, technologischen Encyklopädie" ausführt: „Das Spazierengehen ist nicht bloß eine körperliche Bewegung, eine Bewegung um bloß die Maschine, Körper genannt, aufrecht zu erhalten, sondern auch eine Erholung des Geistes.

188

Wenn aber dem Geiste zugleich eine Erholung nach angestreng-
tem Denken gereicht muß man das Freie wählen, große, dazu ein-
gerichtete und mit Bäumen besetzte Plätze ... und auf denjenigen
Wegen lustwandeln, von wo aus das Auge, als das sichtbare Zei-
chen des Geistes auf romantischen Umgebungen umherschweifen
kann und so auch die Natur dem Geiste eine Erholung gewährt.
Daher sind diejenigen Promenaden die besten, wo das Auge eine
schöne Aussicht in die Ferne genießt.“ [31]

III. Schluß

Wir haben in Le Nôtre einen Architekten kennengelernt, der sowohl die schönsten Gärten Europas geschaffen hat als auch einen
wesentlichen Beitrag zur repräsentativen Gestaltung des Stadtzentrums von Paris im Zeitalter des Absolutismus geleistet hat.

Wir haben erfahren, daß André Le Nôtre als Freund Ludwig XIV.
ein glücklicher Mensch war, andererseits dieses Zeitalter aber später heftig kritisiert wurde. Ohne die Macht des Königs hätte es
diese Kunst jedoch nicht in diesem Umfang gegeben, denn es wären dafür sicher nicht so hohe Summen für deren Ausführung be-
reitgestellt worden. Andererseits wäre es aber denkbar, solche
Kunst in geringerem Umfang auszuführen, wobei allerdings der
Repräsentation nicht genügend Rechnung getragen worden wäre.

Das Positive dabei ist, daß wir uns heutzutage an den Schöpfungen
der Vergangenheit erfreuen können, da diese heute nicht mehr in
der gleichen Form und im gleichen Ausmaß geschaffen werden.
Durch die große Mobilität sind die Gärten heutzutage für sehr viel
mehr Menschen zugänglich als zur Zeit ihrer Entstehung. Gleichzeitig bilden sie eine Einnahmequelle für den Tourismus, wodurch
viele eine Existenz für sich geschaffen haben. Die Erhaltung all

dieser Anlagen ist allerdings mit hohen finanziellen Mitteln verbunden, die sicher auch in Frankreich z.T. durch private Spenden
aufgebracht werden müssen.

IV. Anmerkungen

[1] Christian Norberg-Schulz, Weltgeschichte der Architektur, Barock, Stuttgart 1986, S. 44

[2] FA Brockhaus -Enzyklopädie in 24 Bd.,Bd. 22, Mannheim 1993, S. 462

[3] Fritz Schreiber, Die französische Renaissance-Architektur und die Poggio-Reale Variationen des Sebastiano Serlio, Halle (Saale) 1938, S. 60 - 61

[4] Pierre Devilliers, L'axe de Paris et André Le Nôtre, Paris 1959, S. 32

[5] Dieter Hennebo, Entwicklung des Stadtgrüns von der Antike bis in die Zeit des Absolutismus, Bd. I, Berlin, Hannover 1979 S. 105

[6] André Bernard Jeannel, „Le Nôtre", Basel 1988, S. 94/95

[7] Dieter Hennebo, Entwicklung des Stadtgrüns von der Antike bis in die Zeit des Absolutismus, Bd. I, Berlin, Hannover, 1979 S. 109 - 112

[8] Pierre Devilliers, L'axe de Paris et André Le Nôtre, Paris 1959, S. 34 - 37

[9] André Bernard Jeannel, „Le Nôtre", Basel 1988, S. 8 - 9

[10] Helen M. Fox, „André Le Nôtre", Garden Architect to Kings, New York 1962, S. 162

[11] André Bernard Jeannel, „Le Nôtre", Basel 1988, S. 94/95

[12] Wilfried Hansmann, Gartenkunst der Renaissance und des Barock, Köln 1983, S. 96

[13] William Howard Adams, The French Garden 1500 - 1800, New York 1979, S. 67

[14] Ernest de Ganay, „Les grands architectes", André Le Nostre, Paris 1962, S. 14

[15] William Howard Adams, The French Garden 1500 - 1800, New York 1979, S. 67

16 Pierre Devilliers, L'axe de Paris et André Le Nôtre, Paris 1959, S. 54

17 Dieter Hennebo, Entwicklung des Stadtgrüns von der Antike bis in die Zeit des Absolutismus, Bd. I, Berlin, Hannover 1979, S. 112

18 André Bernard Jeannel, „Le Nôtre", Basel 1988, S. 10/11 und 128/129

19 Wilfried Hansmann, Gartenkunst der Renaissance und des Barock, Köln 1983, S.159

20 Dieter Hennebo, Entwicklung des Stadtgrüns von der Antike bis in die Zeit des Absolutismus, Bd. I, Berlin, Hannover 1979, S. 112 - 113

21 Helen M. Fox, „André Le Nôtre, Garden Architect to Kings", New York 1962, S. 16-18

22 F.A. Brockhaus-Enzyklopädie in 24 Bd., Bd. 22, Mannheim 1993, S. 384

23 Monique Mosser, Georges Teyssot, Die Gartenkunst des Abendlandes, Stuttgart 1990, S. 311 (Gouache v. A.P. Mougin, Paris, Privatsammlung)

24 F.A. Brockhaus-Enzyklopädie in 24 Bd., Bd. 22, Mannheim 1993, S. 384

25 Wolf Stadler, Lexikon der Kunst, Bd. 12, Freiburg 1990, S. 35

26 Jean Colson et Marie-Christine Lauroa, Dictionnaire des Monuments de Paris, Paris 1992, S. 801/802

27 Helen M. Fox, „André Le Nôtre", Garden Architect to Kings", New York 1962, S. 129/30

28 Jean Colson et Marie-Christine Lauroa, Dictionnaire des Monuments de Paris, Paris 1992, S. 801/802

29 Dominique Boudet, Le moniteur architecture amc, tuileries, le jardin retrouvé, no. 96 mars 1999, Paris 1999, S. 58 - 65

30 Helen M. Fox, „André Le Nôtre, Garden Architect to Kings", New York 1962, S. 131

[31] Dieter Hennebo, Entwicklung des Stadtgrüns von der Antike bis in die Zeit des Absolutismus, Bd. I, Berlin, Hannover 1979, S. 110 -112

Abbildungsverzeichnis